Sabine Arnold, Sabine Beil, Birgit Langer, Anne-Sophie Zahl

Herausgeberin: Birgit Langer

Restaurantfachleute

Lernfelder 3.1 bis 3.4

Arbeitsheft

1. Auflage

Bestellnummer 92620

■ Haben Sie Anregungen oder Kritikpunkte zu diesem Produkt?
Dann senden Sie eine E-Mail an 92620@bv-1.de
Autoren und Verlag freuen sich auf Ihre Rückmeldung.

www.bildungsverlag1.de

Bildungsverlag EINS GmbH
Sieglarer Straße 2, 53842 Troisdorf

ISBN 978-3-427-92620-7

© Copyright 2008: Bildungsverlag EINS GmbH, Troisdorf
Das Werk und seine Teile sind urheberrechtlich geschützt. Jede Nutzung in anderen als den gesetzlich zugelassenen Fällen bedarf der vorherigen schriftlichen Einwilligung des Verlages.
Hinweis zu § 52a UrhG: Weder das Werk noch seine Teile dürfen ohne eine solche Einwilligung eingescannt und in ein Netzwerk eingestellt werden. Dies gilt auch für Intranets von Schulen und sonstigen Bildungseinrichtungen.

Inhaltsverzeichnis

LERNFELD 3.1
RESTAURANTORGANISATION

Einsatzbereiche und positionelle Einstufung
der Servicebrigade 6
Aufgabenbereiche in Gastronomiebetrieben ... 7
Führungsqualitäten 9
Mitarbeiterführung 10
Anforderungen an Mitarbeiter
der Servicebrigade 13
Organisation 17
Schriftverkehr 20
Aufbau und Gestaltung
von Speisen- und Getränkekarten 23

LERNFELD 3.2
GETRÄNKEPFLEGE UND -VERKAUF

Getränkeauswahl 30
Einkauf und Lagerung von Getränken 32
Präsentieren und Servieren von Getränken
– Weine 36
Präsentieren und Servieren von Getränken
– Schaumwein 38
Wein
– Inhaltsstoffe, Anbau 39
– Weinherstellung und Weinarten 43
– Angaben auf der Flasche 45
– Aromenzuordnung 46
– Weinansprache 47
– Qualitäten der Deutschen Weine 48
– Weintemperatur und Lagerung 50
– Weinempfehlung 51
– Weinwissen 52
– Servieren von Wein 53
Weine – Frankreich 54
Weine – Italien 55
Schaumwein 56
Bier – Herstellung und Warenkunde 59
Aperitif und Digestif 62
Spirituosen 63
Mischgetränke – Arbeiten an der Bar 66

LERNFELD 3.3
FÜHREN EINER STATION

Führen einer Station – Grundlagen 72
Gästebetreuung – Verkaufsgespräch 73
Verkaufsgespräch am Telefon 75
Reklamationsmanagement 77
Gästebetreuung 79
Arbeiten am Tisch des Gastes
– Grundlagen 81
Filetieren – Grundlagen 83
Filetieren von Rundfischen
(Forelle blau) 85
Filetieren von Rundfischen
(Forelle nach Müllerinart) 87
Filetieren von Plattfischen
(Seezunge) 88
Tranchieren – Grundlagen 89
Tranchieren von Krustentieren
(Hummer) 90
Flambieren – Grundlagen 92
Crêpes Suzette 93
Irish Coffee 95
Anrichten von Speisen
– Filetieren von Orangen 97
Anrichten von Speisen
– Käse 98

LERNFELD 3.4
BANKETTORGANISATION

Grundlagenwissen Bankett 104
Veranstaltungswesen
– Konferenzen und Co. 107
Menükunde – Grundlagen 111
Bestecke und Porzellan im Bankettbereich 118
Ausgewählte Fachbegriffe 120
Tischdekorationen – Grundlagen 122
Tischgesteck 125
Schwedenrätsel 127

INHALTE DER CD

Fotos zur vergrößerten Ansicht

Bildquellenverzeichnis

Bei folgenden Personen und Firmen möchten wir uns ganz herzlich für ihre Unterstützung bedanken:

Gaby Trauth (Fotografie)

Wolfgang Rink (Fotografie)

Jonas und Henry

Dank für die Zusendung von Bildmaterialien:

www.marions-kochbuch.de

Schlosshotel Bühlerhöhe

Hotel Kloster Hornbach

Hotel Crowne Plaza, Heidelberg

Arthotel, Heidelberg

Dank für die Erlaubnis zu Fotografieren:

Hotel Hirschhorn, Wilgartswiesen

Alle anderen Abbildungen:

Werner Fürst/Eric Schnauder (Filetieren von Fisch, Tranchieren)

MEV Bildarchiv, Augsburg

Lernfeld 3.1
Restaurantorganisation

LERNFELD 3.1 Einsatzbereiche und positionelle Einstufung der Servicebrigade

Basierend auf dem französischen Servicesystem werden die Einsatzbereiche und die positionelle Einstufung innerhalb der Servicebrigade festgelegt.

1. *Erstellen Sie mithilfe der nachfolgenden Begriffe eine Übersicht (Mindmap, Organigramm) welche sowohl die Einsatzbereiche als auch die positionelle Einstufung widerspiegelt.*

> Praktikanten – Sommelier – Commis – Bar – Chef de rang – Etage – Maitre d'hotel – Demichef de rang – Auszubildende – Restaurant – Commis de rang – Bankett – Chef d'etage – Chef de bar – Bankettleiter – Barchef – Hilfskräfte – Demichef de bar

Mehrfachnennungen sind möglich!

LERNFELD 3.1 Aufgabenbereiche in Gastronomiebetrieben

Stellenbeschreibung und Stellenanforderung

Situation: Das Restaurant in dem Sie arbeiten, wird erweitert. Gleichzeitig soll neues Personal eingestellt werden. Einige Stellen sind neu zu besetzen. Daher müssen Stellenprofile erstellt werden.

1. Beschreiben Sie kurz, welche Inhalte in einer Stellenbeschreibung stehen sollten.

2. Der Begriff „Stelleneingliederung" umfasst mehrere Bereiche. Erläutern Sie die einzelnen Bereiche und die damit verbundenen Pflichten und Rechte.

3. Erstellen sie Bezug nehmend auf Aufgabe 2 ein Organigramm, welches die Stelleneingliederung eines Commis de rang verdeutlicht.

LERNFELD 3.1 — Aufgabenbereiche in Gastronomiebetrieben

4. Nennen Sie fünf verschiedene Stellenanforderungen für die Bereiche „Commis de rang", und „Maître d'hotel", die Sie in einer Stellenbeschreibung erwähnen würden, um sicherzustellen, dass gewisse persönliche und fachliche Eigenschaften von den Bewerbern erbracht werden bzw. vorhanden sind.

Commis de rang:

_____
_____
_____
_____
_____
_____

Maître d'hotel:

_____
_____
_____
_____
_____
_____

5. Der Oberbegriff „Stellenbewertung" umschreibt verschiedene Inhalte, die für die Zufriedenheit des neuen Mitarbeiters auch von großer Bedeutung sind. Zählen Sie einige Inhalte auf.

_____
_____
_____

6. An die Persönlichkeit eines Gastronoms werden vielfältige Anforderungen und Erwartungen gestellt. Dabei unterscheiden sich die Erwartungen, die ein Gast hat, von denen, die Ihr Vorgesetzter an Sie stellt. Ergänzen Sie die Tabelle so ausführlich wie möglich.

Erwartungen des Gastes	Erwartungen Ihres Betriebes

LERNFELD 3.1 Führungsqualitäten

Situation: Auf einer Fortbildung beschreibt ein Referent, über welche persönlichen Fähigkeiten ein Mitarbeiter verfügen muss, um Führungsaufgaben übernehmen zu können. Sie merken schnell, dass Fachwissen, keine Führungspersönlichkeit ausmachen. Die soziale Kompetenz ist mindestens so wichtig, wie die fachliche Kompetenz.

1. Über welche fachlichen Kompetenzen ein Vorgesetzter verfügen sollte, ist Ihnen bekannt bzw. geht aus einer Stellenbeschreibung hervor. Wichtig ist aber auch die menschliche (soziale) Kompetenz. Nennen Sie charakterliche Kriterien, die Ihrer Meinung nach zu einer guten Führungstätigkeit gehören.

2. Zu den Inhalten einer Führungstätigkeit gehören neben der Planung des Mitarbeitereinsatz noch andere Tätigkeiten. Finden Sie mindestens acht weitere Inhalte einer Führungstätigkeit.

3. Stellen Sie sich vor, Sie sollten wegen einer Erkrankung Ihres Chef de rang Führungsaufgaben im Service für einen begrenzten Zeitraum übernehmen. Sie haben gelernt, dass zu den Aufgaben auch die Kontrolle der einzelnen Tätigkeiten und Mitarbeiter gehört.
Worauf würden Sie aufgrund Ihrer Erfahrung besonders achten, was würden Sie kontrollieren? Diskutieren Sie Ihre Einschätzung in Ihrer Klasse.

LERNFELD 3.1 Mitarbeiterführung

Motivation

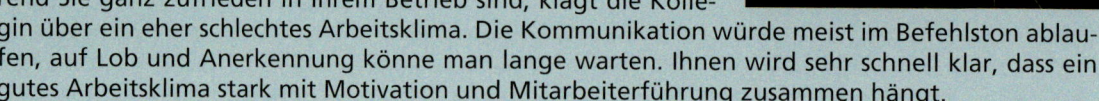

Situation: Sie treffen sich in Ihrer Freizeit mit einer Kollegin aus einem anderen Betrieb und unterhalten sich über Ihre Arbeit. Während Sie ganz zufrieden in Ihrem Betrieb sind, klagt die Kollegin über ein eher schlechtes Arbeitsklima. Die Kommunikation würde meist im Befehlston ablaufen, auf Lob und Anerkennung könne man lange warten. Ihnen wird sehr schnell klar, dass ein gutes Arbeitsklima stark mit Motivation und Mitarbeiterführung zusammen hängt.

1. Unterscheiden Sie zwischen Kommunikation und Information.

2. Die folgenden Beispiele beschreiben Situationen, in denen Informationen weiter gegeben werden. Erweitern Sie die Situationen, damit aus reinem Informationsfluss eine Kommunikation entsteht und das Arbeitsklima positiv beeinflusst wird.

Information	Weiterführende Kommunikation
Sie schauen Nachrichten im Fernsehen.	*Beispiel: Sie diskutieren die Nachrichten im Familien- bzw. Freundeskreis*
Am schwarzen Brett hängt ein Wochenplan mit anstehenden Arbeiten und einer Auflistung wer was zu erledigen hat.	
Sie haben Fehler gemacht und finden eine schriftliche Nachricht, dass Ihre Arbeit nicht in Ordnung war.	
Eine neue Bierzapfanlage wurde angeschafft. Sie erhalten vor Arbeitsbeginn die Bedienungsanleitung.	
Die Dienstpläne für den kommenden Monat werden ausgeteilt.	
Eine Sonderveranstaltung in Ihrem Betrieb steht an. Sie erhalten eine Kurzinfo über anstehende Zusatzaufgaben.	

| LERNFELD 3.1 | **Mitarbeiterführung** |

3. *Definieren Sie mit eigenen Worten den Begriff „Motivation".*

_____
_____
_____
_____
_____

4. *Der Schriftsteller Antoine de Saint-Exupéry hat das Motivieren bzw. Motivation mit folgenden frei wiedergegebenen Worten ungefähr so umschrieben:*

> „Wenn du ein Schiff bauen willst, so trommle nicht Männer zusammen um Holz zu beschaffen, Werkzeuge vorzubereiten, die Arbeit einzuteilen und Aufgaben zu vergeben, sondern lehre die Männer die Sehnsucht nach dem weiten, endlosen Meer."

Nehmen Sie zu dieser Aussage Stellung und versuchen Sie, einen Bezug zu Ihrer Tätigkeit im Restaurant herzustellen.

_____
_____
_____
_____
_____

5. *Nennen Sie Anreize und Beweggründe die Ihre Motivationslage verbessern würden. Bedenken Sie, dass ein Mensch nicht nur materielle Bedürfnisse hat.*

_____
_____
_____
_____
_____

6. *Nehmen Sie Stellung zu folgender Aussage: „Engagierte Mitarbeiter tragen zum Erfolg eines Unternehmens bei und führen auch dazu, dass sich Gäste wohl fühlen und gerne wieder kommen."*

_____
_____
_____
_____

7. *Nennen Sie Situationen oder Arbeitsbedingungen, die als „Motivationsbarrieren" gelten.*

_____
_____
_____
_____
_____

LERNFELD 3.1 Mitarbeiterführung

Führungsstile

Situation: Nach Ihrem Gespräch über Arbeitsklima und Motivation, überlegen Sie, wie man sich eigentlich eine ideale Führungskraft vorzustellen hat und wie ein optimaler Führungsstil aussehen könnte. Um einige Grundinformationen über Führungsstile zu sammeln, wollen Sie sich erst mal informieren.

1. Bei Ihrer Recherche über Führungsstile stoßen Sie auf viele Fremdwörter und Fachbegriffe. Erklären Sie mit eigenen Worten, was diese Begriffe bedeuten.

Progressiv: _____

Autorität: _____

Laisser-faire: _____

Kooperativ: _____

Repressiv: _____

Frustrierend: _____

2. Vergleichen Sie folgende Führungsstile miteinander:

Autoritärer Führungsstil – Kooperativer Führungsstil – Laisser-faire-Führungsstil

Informieren Sie sich gegebenenfalls in Fachbüchern und Internet.

Führungsstil	Autorität	Kooperativ	Laisser-faire
Merkmale			
Motivation			
Mitbestimmung			
Vorteile			
Nachteile			

LERNFELD 3.1 — Anforderungen an Mitarbeiter der Servicebrigade

Äußeres Erscheinungsbild

1. *Beschreiben Sie mithilfe der aufgeführten Checkliste, wie das Erscheinungsbild eines Mitarbeiters der Servicebrigade aussehen sollte.*

Äußeres Erscheinungsbild für einen männlichen Mitarbeiter		
Bereich	**Vorgaben**	**O.K.**
Körperpflege		
Haare		
Gesicht		
Hände		
Schmuck		
Sonstiges		
Bemerkungen		

LERNFELD 3.1 — Anforderungen an Mitarbeiter der Servicebrigade

2. *Erstellen Sie eine entsprechende Checkliste für einen weiblichen Mitarbeiter.*

Bereich	Vorgaben	O.K.

LERNFELD 3.1 Anforderungen an Mitarbeiter der Servicebrigade

3. Erstellen Sie eine Checkliste für die Kleidung. In Ihrem Betrieb gibt es keine einheitliche Berufskleidung nur die Vorgabe schwarz/weiß. Recherchieren Sie gegebenenfalls im Internet.

Kleidung für weibliche Mitarbeiter	
Kleidung, Schuhe, Acsessoires	**O.K.**

Kleidung für männliche Mitarbeiter	
Kleidung, Schuhe, Acsessoires	**O.K.**

| LERNFELD 3.1 | Anforderungen an Mitarbeiter der Servicebrigade |

Körpersprache

1. *Die Figuren drücken unterschiedliche Körpersprachen aus. Erläutern Sie die Stimmungslagen der einzelnen Figuren.*

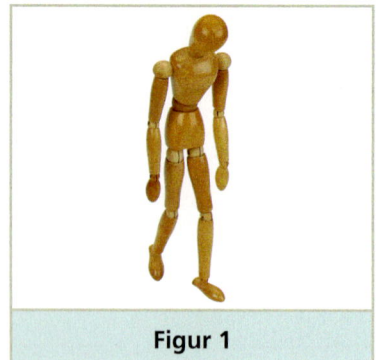
Figur 1

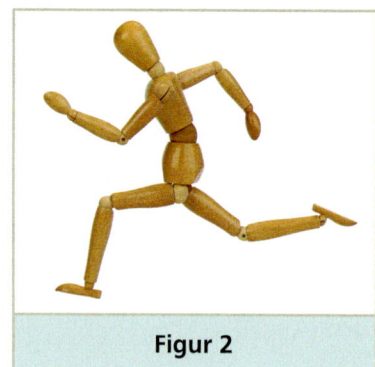
Figur 2

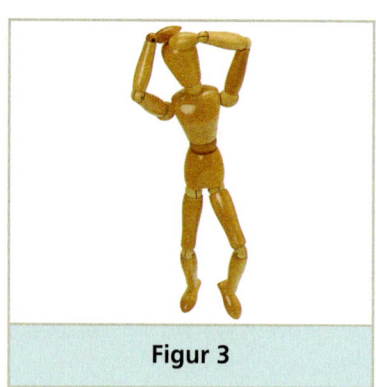
Figur 3

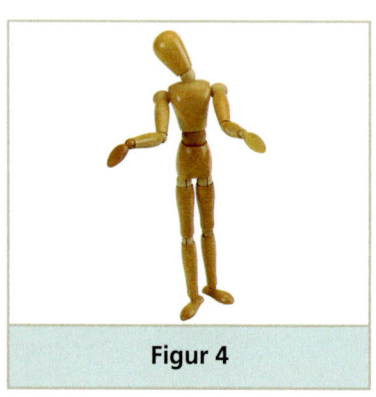
Figur 4

Figur 5

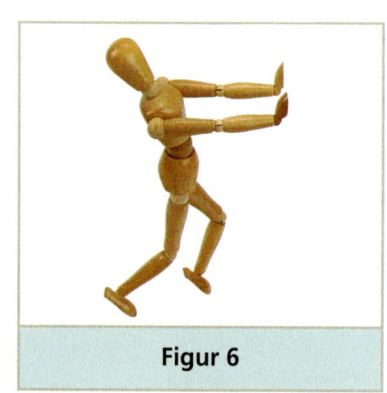
Figur 6

Figur 1: _____

Figur 2: _____

Figur 3: _____

Figur 4: _____

Figur 5: _____

Figur 6: _____

LERNFELD 3.1 Organisation

Organisationsmittel

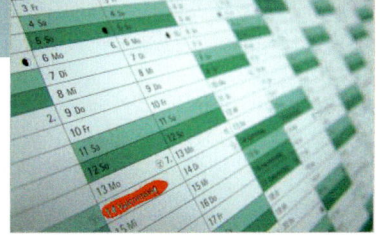

Eine professionelle Vorbereitung für einen Kunden- oder Gästekontakt ist unerlässlich. Dazu ist es notwendig, sich nicht nur Informationen über den Kunden- oder Gastkreis zusammenzustellen, sondern auch über Mitbewerber und die eigenen Leistungen des Restaurants. Organisationsmittel, die hierfür erstellt werden, gewährleisten nicht nur einen reibungslosen effizienten Ablauf, sondern auch eine gleichbleibende Qualität – auch bei Personalwechsel. So können Kundenwünsche und -erwartungen bei wirtschaftlicher Betriebsführung erfüllt werden.

1. Listen Sie Organisationsmittel auf, die für den internen und den externen Gebrauch eingesetzt werden.

für den internen Gebrauch	für den externen Gebrauch

2. Nennen Sie die Funktionen, die oben genannte Organisationsmittel erfüllen.

3. Erklären Sie folgende Organisationsmittel.

Checklisten:

Ablaufpläne:

Lernfeld 3.1 — Organisation

4. Checkliste ist nicht gleich Checkliste! Nicht jede Checkliste erfüllt ihren Zweck. Finden Sie Fragen, deren Beantwortung die Bewertung der Funktionalität einer Checkliste verdeutlicht.

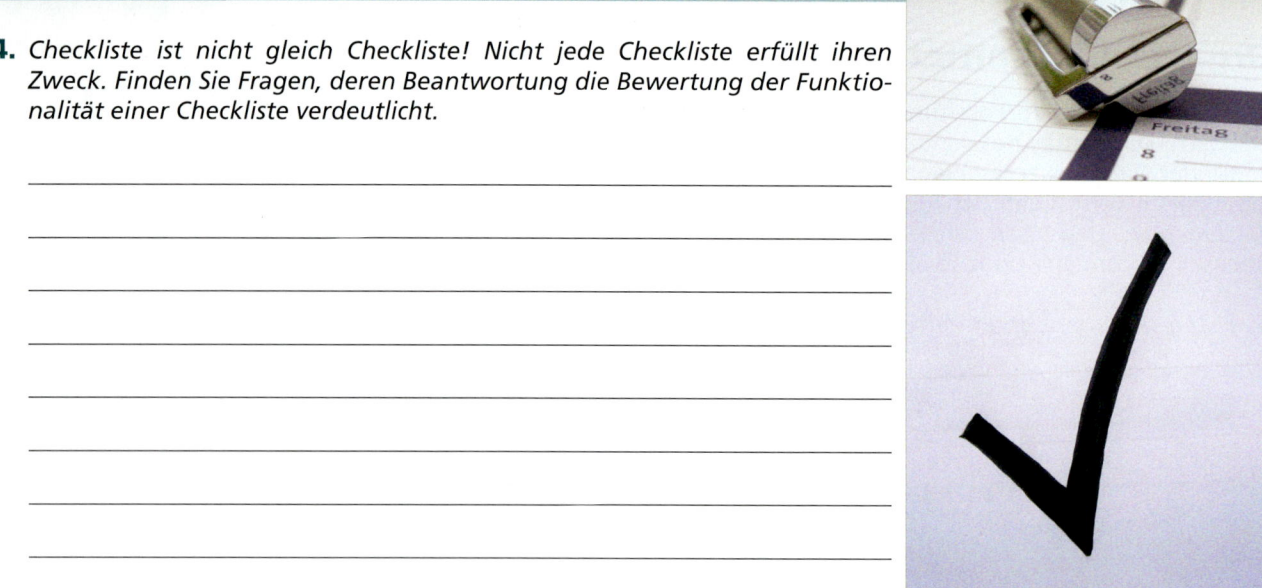

_____
_____
_____
_____
_____
_____
_____

5. Erstellen Sie je eine Checkliste für den Mittagsservice und den Vorbereitungsdienst. Beachten Sie die Kriterien aus Aufgabe 4.

LERNFELD 3.1 Organisation

Dienstpläne

1. Nennen Sie Kriterien, nach denen sich der Personaleinsatz richtet.

   _____
   _____
   _____

2. Die Dienstpläne richten sich nicht immer nur nach der aktuellen Situation, sondern werden auch vorausplanend erstellt. Nennen Sie mögliche Events und Termine, die bei der Planung berücksichtigt werden.

   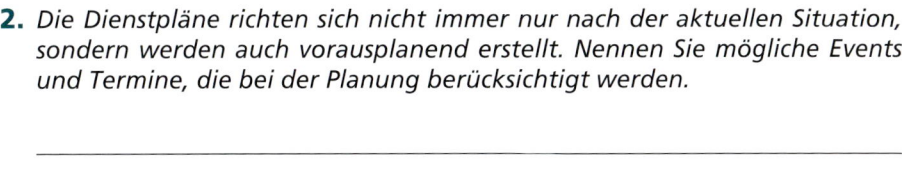

   _____
   _____
   _____

3. Welche besonderen Veranstaltungen finden regelmäßig in Ihrer Region statt und werden bei der Dienstplanerstellung berücksichtigt?

   _____
   _____

4. Auch saisonale Stoßzeiten sollten in der Planung beachtet werden. Nennen Sie Termine bzw. saisonale Festlichkeiten, an denen Sie erfahrungsgemäß einen größeren Personaleinsatz einplanen würden.

   _____
   _____
   _____

5. Neben den unter 1. genannten Kriterien müssen aber bei der Dienstplanerstellung auch gesetzliche Bestimmungen berücksichtigt werden. Nennen Sie mindestens fünf Gesetze die bei der Gestaltung der Arbeitszeit zu berücksichtigen sind.

   _____
   _____
   _____
   _____
   _____
   _____

6. Nennen Sie weitere Aspekte, die bei der Erstellung eines Dienstplans berücksichtigt werden müssen.

   _____
   _____
   _____

LERNFELD 3.1 Schriftverkehr

Geschäftsbriefe

Der Inhalt entscheidet nicht alleine über den erfolgreichen Einsatz der Geschäftskorrespondenz als Kommunikationsmedium – die Form spielt eine entscheidende Rolle.

Nach DIN 5008 besteht ein Geschäftsbrief aus folgenden Elementen

Briefkopf mit Absender	Briefkopf mit Absenderadresse Mit Namen, Anschrift, Telefon-, evtl Fax-, Mobilnummer, E-Mail	Hier steht das Datum ganz rechts
	Anschriftenfeld mit 3 Zeilen für postalische Vermerke und 6 Zeilen für die Empfängeradresse Unternehmen Herr/Frau Ansprechpartner Straße oder Postfach PLZ Ort	
Anschrift	AUSLAND	
Betreff *Falzmarke* —	**Betreffzeile (ohne das Wort „Betreff" zu verwenden)**	
Anrede	Anrede des Ansprechpartners,	
Einleitung	hier wird eine gemeinsame Ebene zwischen Absender und Empfänger geschaffen. Durch einen einheitlichen Aufbau erkennt der Empfänger gleich, worum es geht. Die Einleitung ist ein bis drei Zeilen lang.	
Hauptteil	Der Hauptteil ist klar strukturiert und gut verständlich. Verwenden Sie die Sprache der Zielgruppe. Wenn sich der Leser seine Sprachmuster wieder findet, kann er sich damit identifizieren. **Stellen Sie die Vorteile für die Kunden und Gäste in den Mittelpunkt. Mit einer unverwechselbaren Botschaft (USP = Unique Selling Proposition) erhalten Sie einen Verkaufsvorteil.** Zur Strukturierung des Textes folgt nach jedem Absatz eine Leerzeile. Formulieren Sie immer positiv. Mit Negativformulieren erreichen Sie im Gehirn des Lesers genau das, was Sie vermeiden wollten.	
Schluss	Der Schluss soll einen verbindlichen Charakter haben. Signalisieren Sie Übereinstimmung, fordern den Empfänger zur Aktivität auf oder stellen eine klare Forderung. Die Grußformel am Textende kann je nach Bekanntheitsgrad auch persönlicher formuliert werden.	
Grußformel	Mit freundlichen Grüßen	
Unterschriftenfeld	*Unterschrift* Name des Unterschreibenden mit Funktion	
Postskriptum	PS: Das Postskriptum ist nicht notwendig. Es sollte kurz geschrieben sein und die Länge von zwei Zeilen nicht überschreiten.	
Anlagen	evtl. Anlagen	
Geschäftsangaben	Bankverbindungen Restaurantanschrift, falls nicht im Briefkopf enthalten	

LERNFELD 3.1 Schriftverkehr

Geschäftsbriefe

Situation: Sie erhalten den Auftrag, ein Angebot für ein Herbstarrangement Ihres Restaurants zu erstellen, welches Sie einem ausgesuchten Gästekreis zusenden wollen. Da Ihr Restaurant in einem Weinbaugebiet liegt, soll neben einem typischen Herbstmenü auch ein kleiner Vortrag über Wein und Weinbau der Region stattfinden. Wissen Sie, was Sie alles zu beachten haben?

1. Ergänzen Sie folgende Tabelle.

Briefteil	Achten Sie auf folgende Schreibweisen
Briefkopf	
Datum	
Anschrift	
Betreff	
Anrede	Offiziell Halboffiziell Vertraulich
Grußformel	Offiziell Halboffiziell Vertraulich
Postskriptum	
Anlage	

2. Ergänzen Sie die Größen für Briefpapier und Umschläge.

Briefpapier: _____ Umschläge: _____

Briefpapier: _____ Umschläge: _____

LERNFELD 3.1 Schriftverkehr

3. *Erstellen und Gestalten Sie einen Geschäftsbrief zur Eingangssituation. Beachten Sie alle in Aufgabe 1 genannten Regeln.*

LERNFELD 3.1 Aufbau und Gestaltung von Speisen- und Getränkekarten

Grundlagen

Situation: Ihr Chef plant, die Speise- und Angebotskarten neu zu gestalten. Er möchte die Karten saisonal und anlassbezogen unterschiedlich gestalten. Er bittet Sie um Mithilfe bei der Planung.

1. Nennen Sie sechs unterschiedliche Arten von Angebots- und Speisekarten.

2. Beschreiben Sie ausführlich die Besonderheiten von vier Arten von Speisekarten (außer der Standardspeisekarte), welche in Ihrem Betrieb vorhanden sind.

3. Zählen Sie zehn unterschiedliche Anorderungen auf, die eine Speisekarte erfüllen sollte.

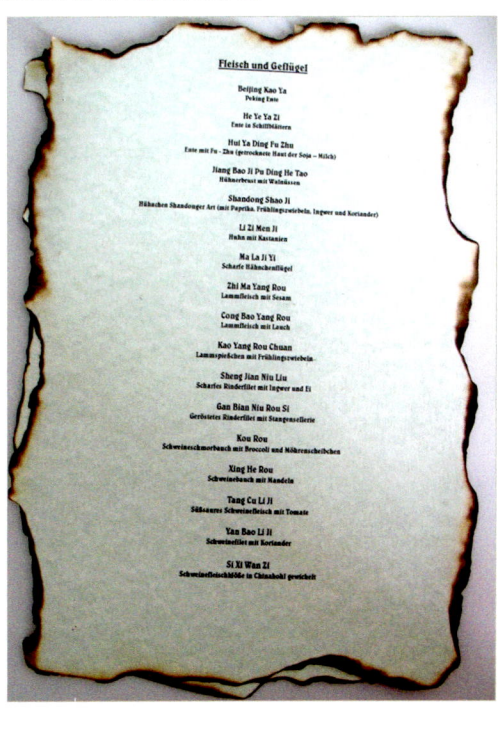

LERNFELD 3.1 — Aufbau und Gestaltung von Speisen- und Getränkekarten

Allgemeine Regeln

1. *Beim Erstellen der Speisenkarte müssen Sie allgemeine Regeln bezüglich der Textanordnung, Schreibweise, Klarheit und Wahrheit des Angebots beachten. Beurteilen Sie folgende Beispiele. Was ist falsch? Wie sollte es richtig heißen. Formulieren Sie zu jedem Beispiel entsprechende Regeln.*

Smoked Salomon mit T. und B.

Fehler: _____

Korrektur: _____

Regel: _____

Grünerbsenpüreesuppe

Fehler: _____

Korrektur: _____

Regel: _____

Rumpsteak Mirabeau, Kroketten, farcierte Tomaten

Fehler: _____

Korrektur: _____

Regel: _____

Salat „Teufelsfeuer", (Teil eines Halloween-Menüs)

Fehler: _____

Korrektur: _____

Regel: _____

LERNFELD 3.1 — Aufbau und Gestaltung von Speisen- und Getränkekarten

2. *Sie sollen heute die Tageskarte schreiben. Ihr Koch hat Ihnen die jeweiligen Hauptbestandteile der einzelnen Speisen genannt. Bringen Sie die Speisenkomponenten der folgenden zwei Beispiele mittels Zahlen in die richtige Reihenfolge.*

Serviettenknödel	_____	Salat	_____
Mandelbrokkoli	_____	Reistimbale	_____
Jus	_____	Filet vom Bachsaibling	_____
Rinderfilet im Speckmantel	_____	Noilly-Prat-Sauce	_____

3. *Ein Kollege hat Ihnen erklärt, dass es bei Speisekarten besondere Rechtschreibregeln gibt. Nachfolgend sind einige Beispiele aufgeführt. Notieren Sie zu jedem Beispiel die allgemeine Regel:*

Filet Wellington: _____

Schwarzwälder Art: _____

italienischer Salat: _____

Zürcher Geschnetzeltes: _____

Gärtnerinart: _____

„Piratensteak": _____

Pfirsich Melba: _____

4. *Um eine verkaufsfördernde Speisekarte erstellen zu können, müssen einige grundlegende Punkte beachtet werden. Nicht jeder Betrieb kann und will alles anbieten.*
Zählen Sie mindestens zehn Punkte/Einflüsse auf, die Sie beim Erstellen einer Speisekarte berücksichtigen müssen.

LERNFELD 3.1 — Aufbau und Gestaltung von Speisen- und Getränkekarten

Situation: Nachdem Sie sich mit den allgemeinen Grundlagen vertraut gemacht haben, geht es nun an die eigentliche Gestaltung der einzelnen Karten. Sie sollen zunächst passende Umschlag- und Papiervorlagen und Gestaltungsideen für spezielle Aktionskarten auswählen.

1. Zählen Sie allgemeine Grundsätze auf, die Sie bei der Auswahl und Gestaltung der Karten beachten sollten.

_____
_____
_____
_____
_____

2. Nennen Sie Materialien, die sich besonders für den Umschlag/Mantel einer Karte eignen.

_____
_____

3. Ihr Chef plant im folgenden Jahr unterschiedliche Aktionen und möchte jetzt schon geeignetes Material zum Erstellen der Aktionskarten bzw. der Menükarten bestellen.
Geplant sind folgende Aktionen: „Frühlingserwachen", „Fischwoche", „Herbstzauber", „Weihnachtsmenüs", „Fit and fun", „Romantisches Menü".
Wählen Sie aus den nachfolgenden Papiervorlagen für jede Aktion eine Sorte nach Ihrer Wahl aus und begründen Sie Ihre Auswahl im Klassengespräch.

LERNFELD 3.1 — Aufbau und Gestaltung von Speisen- und Getränkekarten

4. Gestalten Sie eine einseitige Aktionskarte aus den in Aufgabe 3 vorgeschlagenen Aktionen. Finden Sie passende Gerichte und korrespondierende Getränke. Seien Sie kreativ, aber wählen Sie Dekor, Schriftart und Speisen passend zu Ihrem Betrieb aus.

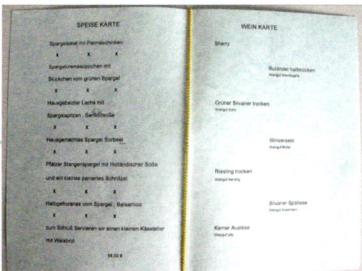

Lernfeld 3.2
Getränkepflege und Verkauf

LERNFELD 3.2 Getränkeauswahl

Sortimentsbreite und -tiefe

Situation: Ihr Betrieb möchte eine neue Getränkekarte erstellen. Neben neuen gestalterischen Ideen soll in diesem Zusammenhang das angebotene Sortiment erweitert werden.

1. *Eine Mitarbeiterin erzählt Ihnen hinsichtlich der Getränkekarte etwas über Sortimentsbreite und Sortimentstiefe. Dies wäre ein tolles Marketinginstrument. Sie können sich darunter nicht viel vorstellen. Klären Sie die Begriffe mithilfe Ihres Fachbuches.*

Sortimentsbreite: _____

_____

Sortimentstiefe: _____

_____

2. *Ergänzen Sie die Tabelle, indem Sie Getränke einfügen, die in Ihrem Betrieb angeboten werden.*

Sortimentsbreite	Sortimentstiefe
Aperitife	
Digestife	
Biere	
Weißweine	

30

LERNFELD 3.2 Getränkeauswahl

Sortimentsbreite	Sortimentstiefe
Rotweine	
Schaumweine	
Alkoholfreie Getränke	

3. Zu jeder Produktgruppe gehören auch passende Gläser. Zählen Sie verschiedene Gläsertypen auf, in denen Sie in Ihrem Betrieb unterschiedliche Getränke servieren.

Lernfeld 3.2 — Einkauf und Lagerung von Getränken

1. Nennen Sie Ziele und Überlegungen eines vorausschauenden Getränkeeinkaufs.

_____

2. Folgende Aussagen beziehen sich auf den Getränkeeinkauf, Lagerung und Sonderkaufverträge. Kreuzen Sie die richtige Aussage an. Die Buchstaben der richtigen Lösungen ergeben in einer sinnvollen Reihenfolge das Lösungswort.

	Aussage	richtig	falsch
T	Angebote unterschiedlicher Lieferanten sollten verglichen werden.	✗	
S	Anbieter aus anderen Regionen sind oft günstiger und sollten bevorzugt werden.		✗
B	Saisonale Besonderheiten, wie z. B. neuer Wein oder Bockbier bereichern das Angebot und finden große Kundenresonanz.	✗	
O	Kauf auf Abruf erspart größere Lagerkapazitäten.	✗	
E	Vertragspartner eines Bierliefervertrages sind der Gastbetrieb und die Brauerei.	✗	
U	Der Bierliefervertrag enthält keine Angaben über die Abnahmenmenge.		✗
M	Ein Bierliefervertrag ist nur für die Brauerei von Vorteil.		✗
A	Der Bierliefervertrag bindet einen Gastwirt langfristig an eine Brauerei.	✗	
G	Fix- und Zweckkauf bedeutet, dass Getränke zu einem bestimmten Termin für einen einmaligen Zweck gekauft werden.	✗	
K	Fix- und Zweckkauf kommt im Restaurantbetrieb nicht vor.		✗
E	Ein normaler Kellerraum erfüllt alle Anforderungen für eine Getränkelagerung.		✗
T	Hygiene in Lagerräumen ist sehr wichtig. Sie wird zwar kontrolliert, aber nicht dokumentiert.		✗
N	Eine moderne Lagerverwaltung gibt immer Auskunft über Menge und Wert der gelagerten Getränke.	✗	

Lösungswort: ANGEBOT

LERNFELD 3.2 — Einkauf und Lagerung von Getränken

Situation: Ihr Lieferant liefert eine größere Menge an Getränken, da Ihr Betrieb in der bevorstehenden Weihnachtszeit mit einem steigenden Verkauf rechnet. Ein Kollege aus dem ersten Ausbildungsjahr meint, man könne doch Zeit und Energie sparen und alle Getränke in einem nahe liegenden Abstellraum lagern, da sie ja doch bald gebraucht würden.

3. Nehmen Sie kritisch zu dem Vorschlag Ihres Kollegen Stellung und begründen Sie Ihre Meinung.

   _____
   _____
   _____

4. Zählen Sie wichtige Regeln auf, auf die bei der Lagerung von Weiß- und Roséweinen geachtet werden muss.

   _____
   _____
   _____
   _____
   _____
   _____
   _____
   _____

5. Ergänzen Sie folgenden Text, indem Sie in die Textlücken folgende Begriffe sinnvoll einsetzen.

   > **Fremdgerüche – Depot – Weißweinen – Gerbsäuren – Rotweinen – Weinkeller – Reifephase – Naturkork – Beaujolais – lagerfähig – Weinklimaschrank – Tannin – Primeur – Lagerzeit – Niederschlag – Dekantieren**

   Rotwein altert in der Regel langsamer als Weißwein, da er über einen höheren Gehalt an _____ verfügt. Eine längere _____ bewirkt bei Rotweinen eine harmonischere Geschmacksentwicklung. Rotweine sind generell länger _____ als Weißweine. Die Ausschanktemperatur von _____ ist höher als die von _____. Sie liegt je nach Alter und Weinart zwischen 14–18 °C. Gelagert werden sollte Rotwein in einem speziellen _____. Aber auch im _____ lässt sich Rotwein gut für den baldigen Verkauf lagern. Bei längerer Lagerzeit verbindet sich das _____ der Gerbsäuren zu einem _____ (Bodensatz), der als unlöslicher _____ in der Flasche auftritt. Durch ein fachlich richtiges _____ wird dieses Depot abgeschieden. Manche Rotweine sind schon nach kürzerer _____ trinkreif bzw. können ohne Reifezeit direkt getrunken werden. Ein bekanntes Beispiel ist der Beaujolais _____, der neue Wein eines Jahrgangs aus dem französischen Weinanbaugebiet _____. Da _____ geruchsdurchlässig ist, muss Wein in einem Raum ohne _____ gelagert werden.

LERNFELD 3.2 — Einkauf und Lagerung von Getränken

6. Folgende Aussagen beziehen sich auf die Lagerung von Schaumweinen und Spirituosen. Kreuzen Sie die richtige Aussage an.

Aussage	richtig	falsch
Schaumweine benötigen keine weitere Lagerzeit.	richtig	falsch
Eine zusätzliche Lagerzeit verändert Schaumweine positiv.	richtig	falsch
Schaumweine werden liegend gelagert.	richtig	falsch
Schaumweine werden bei Zimmertemperatur gelagert.	richtig	falsch
Die Serviertemperatur von Schaumweinen beträgt 6 bis 8 °C.	richtig	falsch
Rote Schaumweine moussieren stärker und werden daher bei niedrigeren Temperaturen als weiße Schaumweine serviert.	richtig	falsch
Schaumweine müssen immer auf Serviertemperatur gekühlt gelagert werden.	richtig	falsch
Schnelles Abkühlen von Schaumweinen durch Drehen der Flasche im mit Eis, Wasser und Kochsalz gefüllten Sektkühler wird frappieren genannt.	richtig	falsch
Spirituosen können aufgrund ihres höheren Alkoholgehaltes ohne Kühlung gelagert werden.	richtig	falsch
Spirituosen müssen liegend gelagert werden.	richtig	falsch
Längere Lagerzeiten verbessern die Qualität der in Flaschen abgefüllten Spirituosen.	richtig	falsch
Auch geöffnete Spirituosen können unbedenklich lange gelagert werden.	richtig	falsch
Manche Liköre verlieren geöffnet ihre Farbe und ihr Aroma.	richtig	falsch
Bei zu kühler Lagerung können Liköre mit hohem Zuckergehalt auskristallisieren.	richtig	falsch
Das Auskristallisieren von manchen Likören ist ein Qualitätsverlust, der nicht mehr ausgeglichen werden kann.	richtig	falsch
Spirituosen sollten dunkel gelagert werden, da manche bei heller Lagerung ihre Farbe verlieren könnten.	richtig	falsch

7. Beschreiben Sie wie und wo die folgenden Getränkegruppen in Ihrem Betrieb gelagert werden.

Weißwein: _____

Rotwein: _____

Schaumwein: _____

Spirituosen: _____

LERNFELD 3.2 — Einkauf und Lagerung von Getränken

8. Bier zählt zu den sehr empfindlichen Getränken. Deshalb müssen bei der Lagerung einige Regeln beachten werden. Zählen Sie diese auf.

_____

9. Nennen Sie mögliche in der Lagerung begründete Ursachen, die folgende Bierfehler verursacht haben könnten.

Bierfehler	Mögliche Ursachen
Das Bier ist schal	
Bier schäumt sehr stark	
Bier ist vorübergehend trüb	
Bier schmeckt „ölig"	
Bier schäumt zu wenig	

| LERNFELD 3.2 | Präsentieren und Servieren von Getränken |

Weine

1. Unterscheiden Sie zwischen offenem Ausschank und Ausschank in Flaschen.

Offener Ausschank: _____
_____
_____

Ausschank in Flaschen: _____
_____
_____

2. Nennen Sie die Arbeitsgeräte, die Sie benötigen, um Weinflaschen am Tisch des Gastes ordnungsgemäß zu öffnen und zu servieren.

_____
_____

3. Beschreiben Sie ausführlich den Service von Weiß- und Roséwein in Flaschen und beachten Sie die richtige Reihenfolge. Verwenden Sie die folgenden Begriffe.

> Tablett – Hauptetikett – Beistelltisch – wenig bewegen – Flaschenkapsel – Mitte – nicht durchbohren – Langsam – prüfen – präsentieren – reinigen – Probeschluck – Verkostung – Reihenfolge – Plätschern – Rechts abdrehen – Weinkübel

_____
_____
_____
_____
_____
_____
_____
_____
_____
_____
_____
_____
_____
_____
_____
_____
_____
_____
_____

LERNFELD 3.2 — Präsentieren und Servieren von Getränken

4. Begründen Sie, weshalb alter Rotwein dekantiert werden sollte.

5. Beschreiben Sie ausführlich den Vorgang des Denkantierens.

LERNFELD 3.2 Präsentieren und Servieren von Getränken

ø Schaumwein

1. *Es gibt unterschiedlich große Schaumweinflaschen. Benennen Sie die einzelnen Größen.*

_____
_____
_____
_____
_____
_____
_____
_____
_____

2. *Erklären Sie folgende Begriffe.*

Rebsortensekt: _____

Hochgewächs: _____

Lagensekt: _____

Champagner: _____

Jahrgangschampagner: _____

3. *Beschreiben Sie kurz den fachlich richtigen Service von Schaumwein.*

Bereitstellung: _____

Servieren: _____
_____
_____
_____

Öffnen: _____
_____
_____
_____

LERNFELD 3.2 Wein

Inhaltstoffe, Anbau

Situation: Sie haben vor kurzer Zeit in Ihrem Betrieb ein Weinseminar besucht. Heute wiederholen Sie die Grundlagen, damit Sie einen Gast fachgerecht über Wein informieren können.

1. Was versteht man unter Wein?

   _____
   _____
   _____
   _____

2. Erläutern Sie die vier wichtigsten Inhaltsstoffe des Weins.

Restsüße	Fruchtsäure

Alkohol	Gerbsäure

LERNFELD 3.2 — Wein

3. Ein Gast möchte von Ihnen Genaueres über die Herkunft des angebotenen deutschen Weines wissen. Nennen Sie die 13 Anbaugebiete für Wein in Deutschland.

Anbaugebiete			
1	_____	8	_____
2	_____	9	_____
3	_____	10	_____
4	_____	11	_____
5	_____	12	_____
6	_____	13	_____
7	_____		

4. Beschriften Sie die Anbaugebiete mit dem entsprechenden Namen.

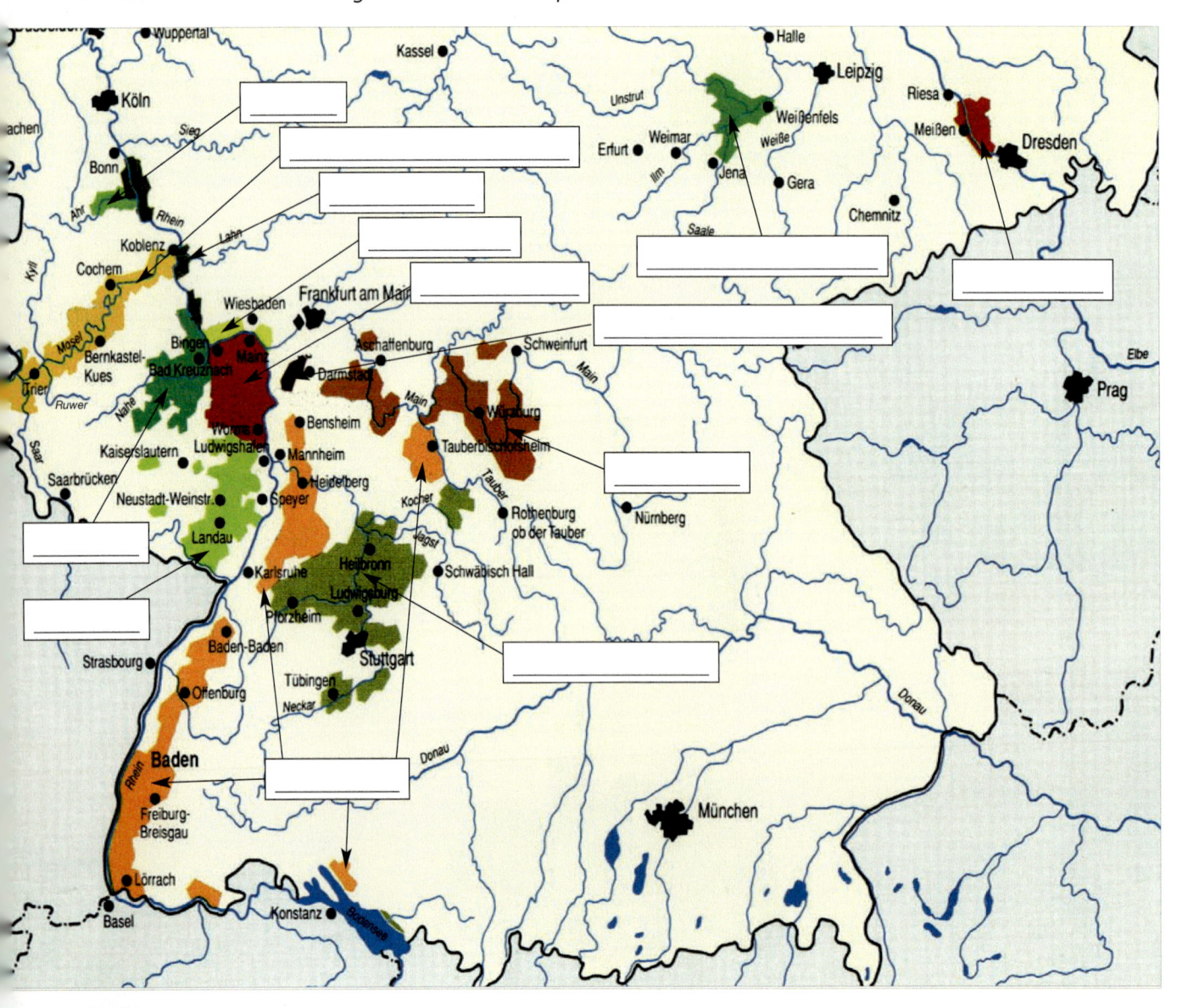

LERNFELD 3.2 Wein

5. Durch welche genaueren geografischen Beschreibungen kann der Gast weitere Informationen über das Anbaugebiet eines Qualitätsweines erfahren?

_____
_____
_____
_____

6. Weinlagen haben durch Bodenqualität und Klima großen Einfluss auf die Qualität eines Weins. Was bewirken diese? Ergänzen Sie die Tabelle.

	Kennzeichen	Einfluss auf den Wein
Bodenqualität		
Klima		

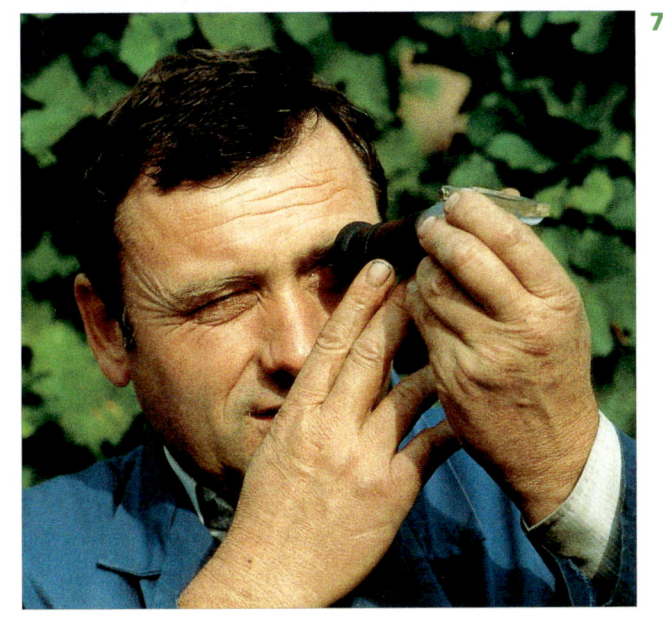

7. Wie heißt das Gerät auf neben stehender Abbildung und was misst ein Winzer damit?

_____
_____
_____
_____
_____

LERNFELD 3.2 Wein

8. Wissen sie welche Rebsorte einen Weißwein und welche einen Rotwein ergibt? Kreuzen Sie die entsprechende Weinart an

Weißwein	Rebsorte	Rotwein
	Traminer	
	Blauer Protugieser	
	Weißburgunder	
	Ortega	
	Dornfelder	
	Riesling	
	Morio-Muskat	
	Dunkelfelder	
	Heroldrebe	
	Silvaner	
	Domina	
	Müller-Thurgau	
	Blauer Trollinger	
	Kerner	
	Scheurebe	
	Bacchus	
	Grauburgunder	
	Lemberger	
	Faberrebe	
	Blauer Spätburgunder	
	Huxelrebe	
	Gutedel	
	Elbling	
	Schwarzriesling	

LERNFELD 3.2 Wein

Weinherstellung und Weinarten

1. Vervollständigen Sie das Schema der Weißweinherstellung durch richtige Zuordnung der nachfolgenden Begriffe.

> Abbeeren/Mahlen – Gärung – Filtration – Qualitätsweinprüfung – Schönungen – Maischesilo – (Standzeit 2 bis 5 Std.) – 1. Abstich – Kieselgurfiltration – Kurzzeiterhitzen (Pasteurisieren) – Vorklären (Separator) – Füllung – Stabilisation – 2. Abstich/Filtration – Ausstattung – Pressen

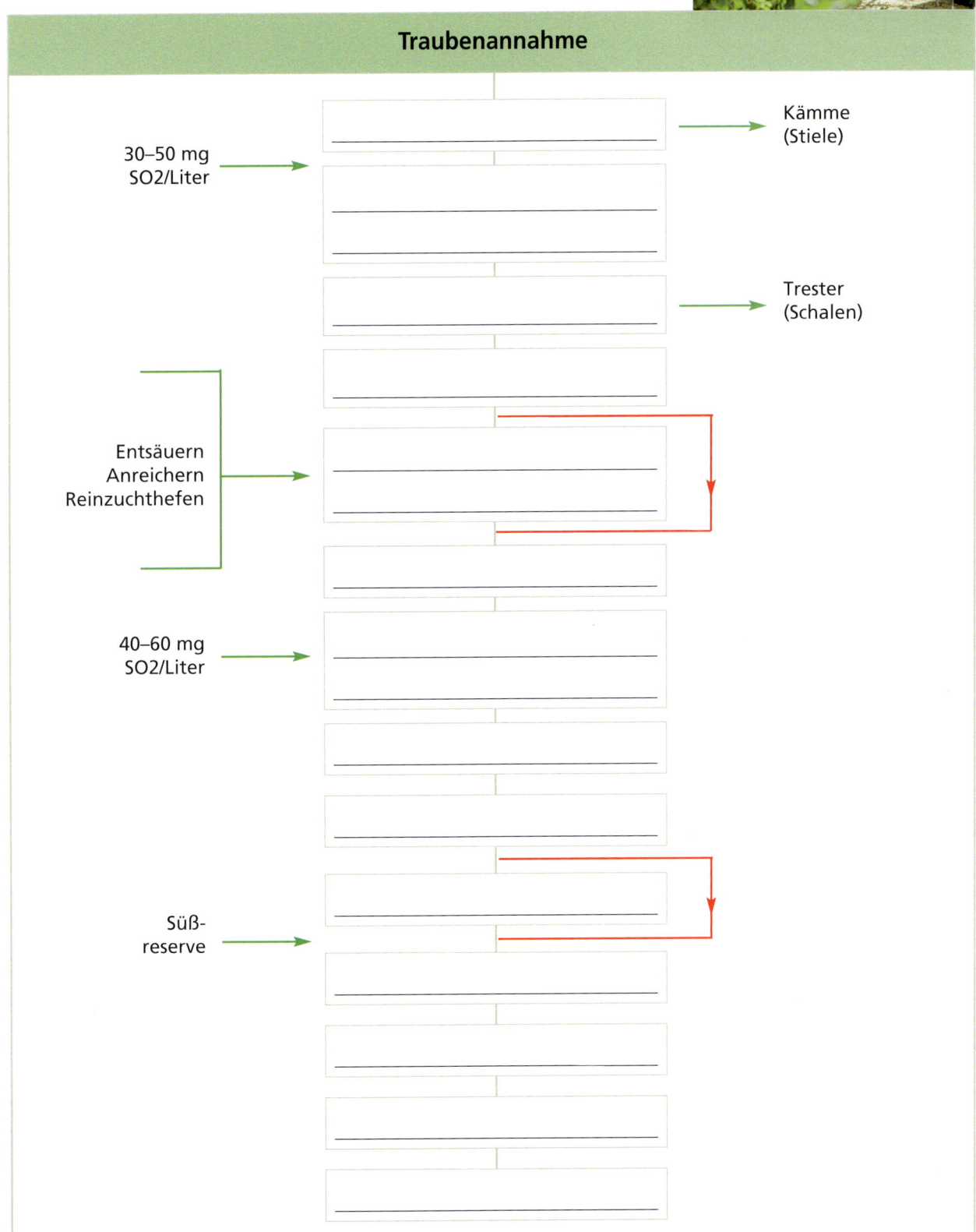

Traubenannahme

(Schema zum Ausfüllen mit folgenden Hinweisen:)

- 30–50 mg SO2/Liter → (Kästchen) → Kämme (Stiele)
- (Kästchen) → Trester (Schalen)
- Entsäuern / Anreichern / Reinzuchthefen → (Kästchen)
- 40–60 mg SO2/Liter → (Kästchen)
- Süßreserve → (Kästchen)

LERNFELD 3.2 Wein

2. Ergänzen Sie die Antworten zu Weinarten und weitere Begriffe der Qualitätsweine bestimmter Anbaugebiete (Q.b.A.) und Qualitätsweine mit Prädikat.

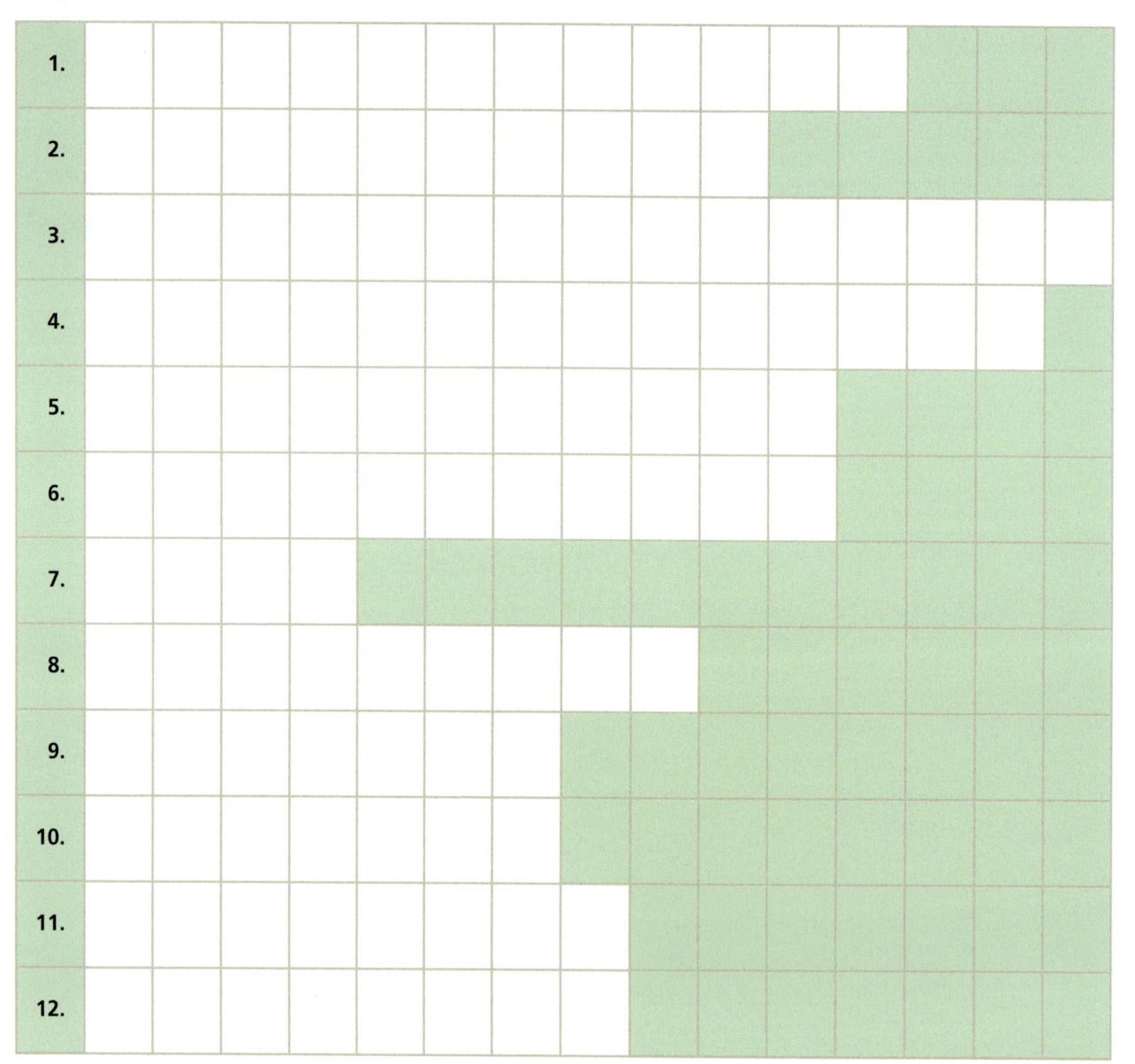

1.
2.
3.
4.
5.
6.
7.
8.
9.
10.
11.
12.

1. Rotling aus Württemberg
2. Q.b.A. von Blauem Spätburgunder aus Gemarkung Altschweier, Bühl, Eisental und Neusatz, der Stadt Bühl, Gemarkung Bühlertal sowie der Gemarkung Neuweier der Stadt Baden-Baden
3. Lieblicher weißer Q.b.A. von Nahe, Rheinhessen, Pfalz und Rheingau, der mindestens zu 70 % aus Riesling, Silvaner, Müller-Thurgau oder Kerner hergestellt ist
4. Ein Rotling aus Baden aus den Rebsorten Grauburgunder (mind. 50 %) und Spätburgunder
5. Q.b.A. aus hell gekeltertem Most einer roten Rebsorte
6. Weißherbst aus der Rebsorte Blauer Spätburgunder aus dem Bereich Tuniberg
7. Weißwein aus den Sorten Riesling, Silvaner oder deren Abkömmlingen aus den Gebieten Ahr, Hessische Bergstraße, Mittelrhein, Nahe, Rheingau, Rheinhessen oder Pfalz
8. Wein aus weißen Trauben
9. Wein aus roten Trauben
10. Blass bis hellroter Wein aus Rotweintrauben, der durch Verschneiden von Weiß- und Rotweintrauben oder deren Maischen hergestellt wird
11. Blass bis hellroter Wein aus Rotweintrauben; Verschnitt mehrer Rotweinsorten ist zulässig
12. Wein mit natürlicher oder zugesetzter Kohlensäure, der bei 20 °C einen Kohlensäureüberdruck von 1,0 bis 2,5 bar aufweist

LERNFELD 3.2 | Wein

Angaben auf der Flasche

1. Ergänzen Sie, welche Angaben auf dem Weinetikett zu finden sind.

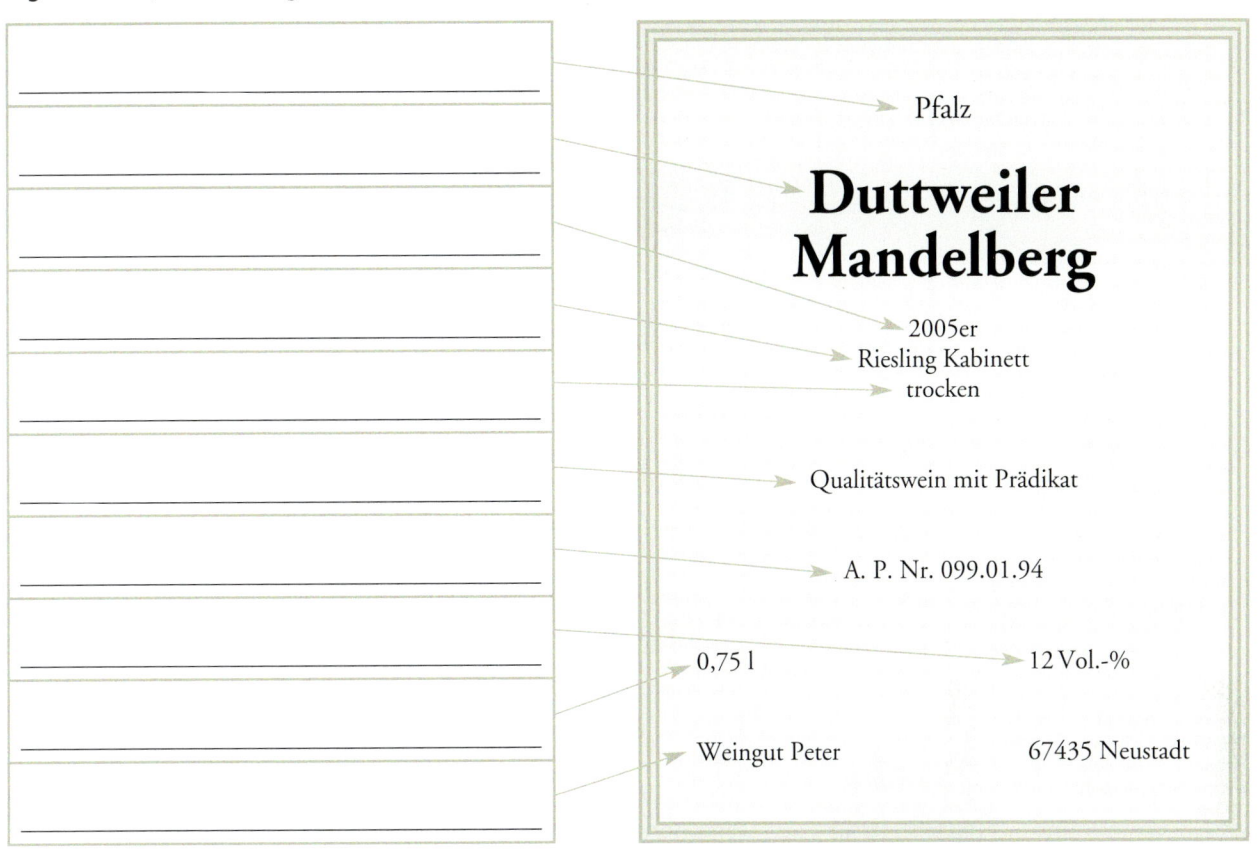

_____ (Anbaugebiet)	Pfalz
_____ (Lage)	**Duttweiler Mandelberg**
_____ (Jahrgang)	2005er
_____ (Rebsorte/Prädikat)	Riesling Kabinett
_____ (Geschmacksrichtung)	trocken
_____ (Qualitätsstufe)	Qualitätswein mit Prädikat
_____ (Amtliche Prüfnummer)	A. P. Nr. 099.01.94
_____ (Füllmenge / Alkoholgehalt)	0,75 l 12 Vol.-%
_____ (Abfüller / PLZ, Ort)	Weingut Peter 67435 Neustadt

2. Welche Angaben können Sie aus den drei nachstehenden deutschen Weinsiegeln ablesen?

(rot: DEUTSCHES WEINSIEGEL) | (gelb: DEUTSCHES WEINSIEGEL TROCKEN) | (grün: DEUTSCHES WEINSIEGEL HALBTROCKEN)

_____ | _____ | _____

LERNFELD 3.2 Wein

Aromenzuordnung

Situation: Ein Gast möchte von Ihnen wissen, welche Aromen der Wein aus den untenstehenden Rebsorten aufweist.

1. *Kreuzen Sie die richtigen Aromen an.*

Spätburgunder	Grauburgunder/Weißburgunder	Gewürztraminer
☐ Grüne Paprika	☐ Walnuss	☐ Pfeffer
☐ Brombeere	☐ Zitronen	☐ Litschi
☐ Minze	☐ Holunder	☐ Honig
☐ Rauch	☐ Grüne Bohne	☐ Quittenbrot
☐ Leder	☐ Vanille	☐ Veilchen
☐ Vanille	☐ Butter	☐ Weihrauch
☐ Lakritz	☐ Zimt	☐ Süßkirsche
☐ Erdbeere	☐ Ananas	☐ Feigen
☐ Veilchen	☐ Aprikose	☐ Minze

Riesling	Dornfelder	Portugieser
☐ Weinbergpfirsich	☐ Schwarze Johannisbeere	☐ Rote Johannisbeere
☐ Apfel	☐ Grüner Paprika	☐ Sauerkirsche
☐ Liebstöckel	☐ Vanille	☐ Himbeere
☐ Mango	☐ Champignon	☐ Schwarzer Pfeffer
☐ Rosenblüte	☐ Weinbergpfirsich	☐ Wacholderbeere
☐ Honig	☐ Quitte	☐ Aprikose
☐ Frisches Gras	☐ Reifer Apfel	☐ Joghurt
☐ Sherry	☐ Sauerkirsche	☐ Grüne Bohnen
☐ Grapefruit	☐ Brombeere	☐ Butter

Kerner	Silvaner	Müller-Thurgau
☐ Birne	☐ Jasmin	☐ Grüner Apfel
☐ Orangenkonfitüre	☐ Grüner Spargel	☐ Zitrone
☐ Gewürznelke	☐ Stachelbeere	☐ Maracuja
☐ Aprikose	☐ Birne	☐ Melisse
☐ Mandel	☐ Heu	☐ Muskat
☐ Kirsche	☐ Artischocke	☐ Grüner Paprika
☐ Eisbonbon	☐ Minze	☐ Akazie
☐ Grüne Bohne	☐ Rauch	☐ Schwarze Johannisbeere
☐ Schwarze Johannisbeere	☐ Grüner Apfel	☐ Geranie

Schwarzriesling	Lemberger	Trollinger
☐ Erde	☐ Grüner Paprika	☐ Fruchtdrops
☐ Karamell	☐ Wacholderbeere	☐ Flieder
☐ Süßkirsche	☐ Honigmelone	☐ Ingwer
☐ Malz	☐ Stachelbeere	☐ Birne
☐ Zimt	☐ Vanille	☐ Ananas
☐ Erdbeere	☐ Schwarze Johannisbeere	☐ Rote Johannisbeere
☐ Orange	☐ Brombeere	☐ Sauerkirsche
☐ Getrocknete Pflaume	☐ Sauerkirsche	☐ Zitrone
☐ Rauch	☐ Fruchtdrops	☐ Grüne Bohnen

LERNFELD 3.2 Wein

Weinansprache

Situation: Sie haben auf einer Weinschulung viele verschiedene Begriffe zur Umschreibung von Weinen kennengelernt. Nicht jeder Gast kennt sich damit aus, sodass Sie manches erklären müssen

1. Ordnen Sie die nachstehenden Begriffe ihren Umschreibungen zu.

   samtig – dezent – bukettreich – spritzig – halbtrocken – mild – säurebetont – kernig – fruchtig – herb – trocken – leicht – firn – gehaltvoll – edelsüß – edelfirn – nervig

Umschreibung	Begriff
Wein in Duft und Geschmack fast neutral	dezent
Wein mit deutlich ausgeprägten Duftnoten	bukettreich
Junger Wein mit deutlich spürbarer Kohlensäure	spritzig
Restsüße kaum schmeckbar	trocken
Restsüße nicht deutlich schmeckbar	halbtrocken
Wein mit ausgeprägter Säure	säurebetont
Wein mit wenig Säure	mild
Wein mit gleichermaßen deutlich schmeckbarer Süße und Säure	fruchtig
Gerbstoffbetonter Rotwein	herb
Ausgereifter Rotwein, dessen Gerbstoff schon abgebaut ist	samtig
Wein mit wenig Alkohol und wenig Süße	leicht
Wein mit 13 Vol.-% Alkohol und/oder 35 g/l Restsüße	gehaltvoll
Eiswein	edelsüß
Überalterter Wein, der im Duft an Sherry erinnert	firn
Beerenauslese mit interessanten Alterstönen	edelfirn
Trocken ausgebauter Wein mit sehr ausgeprägter Fruchtsäure	nervig
Bodenbetonter, erdiger Wein	kernig

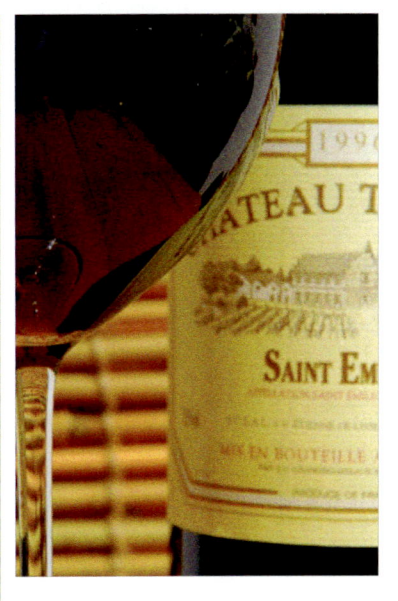

LERNFELD 3.2 Wein

Qualitäten der Deutschen Weine

Situation: Unterschiedliche Gästen wünschen Weine unterschiedlicher Güte. Die Angaben und das Aussehen der Weinflasche hilft Ihnen bei der Beratung eines Gastes.

1. Wie heißen die einfachen Güteklassen beim deutschen Wein?
   _____
   _____

2. Was bedeutet Q. b. A?
   _____

3. Nachdem ein Antrag auf Qualitätsweinprüfung gestellt wurde, erfolgt diese in drei Abschnitten. Erläutern Sie diese kurz:

1.	**Analytische Prüfung**	_____ _____ _____
2.	**Herkunftsprüfung**	_____ _____ _____
3.	**Sinnenprüfung**	_____ _____ _____

4. Was sagen die Abschnitte der Prüfnummer allgemein aus?

AP.-Nr.				
03	12	132	014	97
_____	_____	_____	_____	_____
_____	_____	_____	_____	_____

5. Ordnen Sie die Prädikate aufsteigend nach ihrer Qualität mit Ziffern.

Ziffer	Prädikat
_____	Auslese
_____	Trockenbeerenauslese
_____	Eiswein
_____	Spätlese
_____	Kabinett
_____	Beerenauslese

LERNFELD 3.2 Wein

6. Was bedeutet VDP?

_____

7. Welche dreistufige Klassifikation nimmt der VDP bei seinen Weinen vor.

Steigende Qualität	↑	_____
		_____
		_____

8. Benennen Sie die nachstehenden Flaschenformen.

1. _____
2. _____
3. _____

① ② ① ③ ①

8. Für welches Anbaugebiet ist die Flaschenform 2 typisch?

_____

9. Welche vier verschiedenen Verschlüsse können Sie auf Weinflaschen finden?

_____
_____
_____
_____

49

LERNFELD 3.2 — Wein

Weintemperatur und Lagerung

Situation: Ein Gast beschwert sich, dass der Wein falsch temperiert sei.

1. Warum soll Wein temperiert werden?

___

2. Geben Sie für die nachfolgenden Weine die optimale Temperatur an.

Junge, frische Weiß- und Roséweine	
Gereifte, körperreiche Weiß- und Prädikatsweine	
Leichte, junge Rotweine	
Körperreiche Rotweine	
Schwere, alte Rotweine	

3. Nennen Sie für folgende Kühlungsverfahren beim Wein die Fachausdrücke.

langsame Anpassung des Weines an die Umgebungstemperatur; kann durch das Einlegen in ein Wasserbad unterstützt werden	
Wein wird zur schnellen Kühlung ins Eisfach gelegt oder in einen Eiskübel gestellt	

4. Begründen Sie die nachfolgenden Anforderungen zur Weinlagerung.

Anforderung	Begründung
Raum soll kühl und dunkel sein	
Relative Luftfeuchtigkeit bei 60 % bis 70 %	
Gute Luftzirkulation	
Wein mit Korkverschluss nicht bei stark riechenden Waren lagern	
Erschütterungsfrei lagern	

LERNFELD 3.2 Wein

Weinempfehlung zu bestimmten Speisen

1. Nennen Sie vier Grundsätze, die Sie generell bei der Empfehlung von Wein zu Speisen berücksichtigen. Bringen Sie hierfür die entsprechenden Begriffe in die richtige Kombination:

> neutrale Weine – schwere, gehaltvolle Weine – Rotwein – trockene Weine – Weißwein – junge Weine – Leichte Weine – aromatische Weine – alte Weine – süße Weine

_____	vor	_____
_____	vor	_____
_____	vor	_____
_____	vor	_____
_____	vor	_____

2. Empfehlen Sie Ihrem Gast zu folgenden Speisen einen geeigneten Wein aus Ihrer Karte. Verbinden Sie den Wein mittels Pfeil mit der jeweiligen Speise.

Weine	Speise
Spätburgunder Qualitätswein trocken	Blattsalate
Dornfelder Qualitätswein trocken	Salate mit Fleisch
Silvaner Spätlese trocken	Graved Lachs mit Honig-Senf-Sauce
Trollinger Qualitätswein trocken	Geflügelleberterrine
Muskateller Kabinett trocken	Spargel mit Sauce hollandaise
Ruländer Beerenauslese	Linsen mit Spätzle
Weißburgunder Kabinett trocken	Gebratener Hirschrücken
Grauburgunder Kabinett trocken	Rinderbraten
Riesling Kabinett	Meeresfisch in der Salzkruste
Gewürztraminer Spätlese trocken	Crème Caramel

LERNFELD 3.2 Wein

Weinwissen

1. Testen Sie Ihr Weinwissen und entscheiden Sie, ob die Aussagen richtig oder falsch sind. Die Buchstaben aller korrekten Antworten ergeben das Lösungswort.

Richtig		Falsch
E	Schillerwein ist ein Rotling aus Baden	T
I	Perlwein hat einen Kohlensäuredruck von 3 bar	R
O	In Deutschland gibt es 13 bestimmte Anbaugebiete für Qualitätsweine	A
J	Ahrwein wird in der Bocksbeutelflasche angeboten	C
K	Weinflaschen mit Glaskorken können stehend gelagert werden	S
B	Mit der Oechslewaage wird der Zuckergehalt des Mostes bestimmt	E
N	Wein mit wenig Alkohol und Süße bezeichnet man als leicht	C
M	Schaumwein wird nur nach der Champagnermethode hergestellt	B
E	Cuvée meint einen Verschnitt von Traubenmost oder Wein	N
E	Überalterten Wein bezeichnet man als firn	R
S	Rotwein muss während seiner Reifung 9 Monate auf ein Rüttelpult	R
E	Wein mit sehr geringem Zuckergehalt wird als trocken bezeichnet	G
N	Bei Prädikatsweinen ist jegliche Anreicherung mit Zucker verboten	J
I	Tafelweine werden nur nach Erteilung einer Prüfnummer vermarktet	A
O	Winzer sind verpflichtet, an Weinprämierungen teilzunehmen	U
S	Im Rieslingwein finden sich Aromen von Weinbergpfirsich und Grapefruit	F
N	Im Buchenfass gereifte Weine bezeichnet man als Barriquewein	L
E	Herben Schaumwein bezeichnet man auch als brut	A
G	Ruländerbeeren sind weiß	S
T	Landweine haben eigene Prädikate	E

LERNFELD 3.2 Wein

Servieren von Wein

Situation: Ein Gast hat sich beschwert, dass ihm der Wein nicht fachgerecht serviert wurde. Unterstützen Sie Ihren Kollegen, damit in Zukunft keine Beschwerde mehr eingeht.

1. Begründen Sie die nachfolgenden Schritte beim Weinservice:

Arbeitsschritte	Begründung
Dem Besteller die Flasche präsentieren, dabei soll das Etikett für den Besteller lesbar sein	
Flasche auf Beistelltisch stellen, Etikett in Richtung Besteller halten. Auf oder unterhalb des Flaschenhalswulstes die Flaschenkapsel großzügig entfernen	
Flaschenhals säubern	
Den Korkenzieher eindrehen, den Korken dabei nicht durchbohren und den Korken geräuschlos herausziehen (kein „Ploppen")	
Korken diskret auf Geruch prüfen, mit einer Serviette vom Kellnerbesteck abdrehen und dem Besteller präsentieren	
Flaschenmund mit einer Papierserviette reinigen	
Den Besteller fragen, ob er verkosten möchte (er hat die Möglichkeit, andere Gäste am Tisch oder die Servierkraft zu bitten, den Wein zu verkosten)	
Wenn der Wein als in Ordnung befunden wurde, nach entsprechender Reihenfolge eingießen	
Weißwein in Kühler einsetzen, bei Rotwein in Flaschen ausschließlich Thermokühler benutzen	

2. Welche Gegenstände sollten Sie am Beistelltisch eingesetzt haben?

_____	_____
_____	_____
_____	_____
_____	_____

LERNFELD 3.2 Weine

Frankreich

1. Ordnen Sie die nachfolgenden Weinanbaugebiete korrekt in die Karte ein.

> Bordeaux – Provence – Champagne – Burgund – Juragebiet – Languedoc-Roussillon – Rhonegebiet – Loiregebiet – Elsass

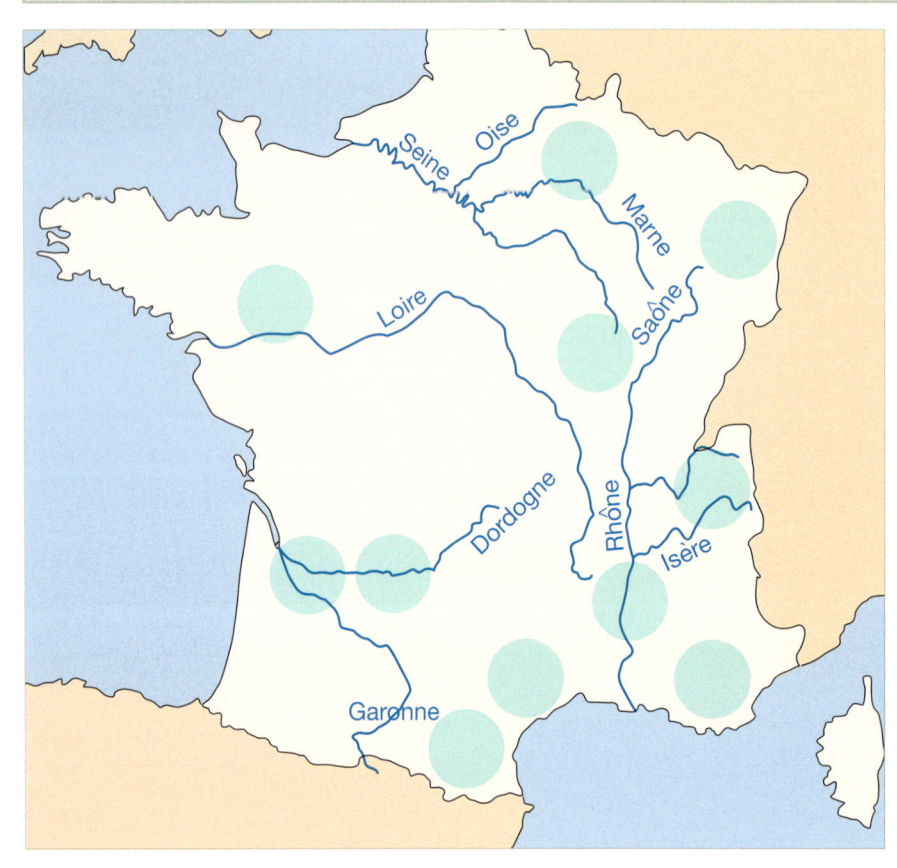

2. Wie lauten die Güteklassen für frz. Weine?

Güteklasse	französisch
Tafelwein	_____
Landwein	_____
Weine höherer Qualität bestimmter Gegenden	_____
Kontrollierte Herkunftsbezeichnung	_____

3. Erklären Sie, weshalb der Rotwein in eine Karaffe umgefüllt wurde und geben Sie den Fachausdruck hierfür an.

_____
_____
_____
_____
_____

LERNFELD 3.2 Weine

Italien

1. Ordnen Sie die nachfolgenden Weinanbaugebiete korrekt in die Karte ein.

> Südtirol – Lombardei – Emilia-Romagna – Veneto – Piemont – Toscana – Venezi Giulia (Triest) – Ligurien – Marche – Umbrien – Lazio – Abruzzen – Campania – Puglia – Basilicata – Kalabrien – Sizilien – Sardinien

2. Nennen Sie die Güteklassen für italienische Weine.

Güteklasse	italienisch
Tafelwein	
Landwein	
Weine höherer Qualität bestimmter Gegenden	
Kontrollierte Herkunftsbezeichnung	

LERNFELD 3.2 Schaumwein

Situation: Ein Gast bemerkt auf Ihrer Weinkarte, dass zwischen Sekt und Champagner Preisunterschiede festzustellen sind. Für Ihr Gespräch mit dem Gast müssen Sie über folgende Kenntnisse verfügen.

1. Was versteht man unter Schaumwein?

2. Was unterscheidet Champagner vom restlichen Schaumwein?

3. Warum finden Sie auf manchen Schaumweinflaschen den Begriff Cuvée?

4. Welche Geschmacksrichtungen können Sie Ihrem Gast anbieten?

Restzucker pro Liter	Geschmacksrichtung	
	deutsch	englisch
0–3 g		
0–6 g		
weniger als 15 g		
12–20 g		
17–35 g		
33–50 g		
Über 50 g		

LERNFELD 3.2 Schaumwein

4. *Wie sollte die optimale Trinktemperatur von Schaumwein sein?*
Grundsätzlich sollte junger Schaumwein kühler getrunken werden als älterer.
Als Richtwerte gelten die folgenden Serviertemperaturen:

Weißer Sekt	
Rosé-Sekt	
Roter Sekt	

5. *Worauf achten Sie beim Öffnen von Schaumwein?*

_____

_____

_____

_____

_____

_____

_____

6. *Geben Sie der Schaumweinflasche ihre passende Bezeichnung.*

Piccolo – Magnum – Tregnum – Doppelmagnum – Rehobéam – Methusalem – Salmanasar – Balthasar – Nebukadnezar

Volumen	Namen/Größe	Bezeichnung
0,20 l	Viertelflasche	
1,50 l	Doppelflasche	
2,25 l	Dreifachflasche	
3,00 l	Vierfachflasche	
4,50 l	Sechsfachflasche	
6,00 l	Achtfachflasche	
9,00 l	Zwölffachflasche	
12,00 l	Sechzehnfachflasche	
15,00 l	Zwanzigfachflasche	

LERNFELD 3.2 Schaumwein

7. *Was können Sie am Mousseux ablesen?*

_____
_____
_____
_____
_____
_____

8. *Welche der abgebildeten Gläser wählen Sie aus? Begründen Sie Ihre Antwort.*

_____
_____
_____
_____
_____
_____
_____
_____
_____

9. *Begründen Sie Ihre Arbeitsschritte beim Schaumweinservice.*

Arbeitsschritte	Begründung
Dem Besteller die Flasche präsentieren (dabei soll das Etikett für den Besteller lesbar sein) und die Bestellung wiederholen	
Die Flasche auf den Beistelltisch stellen und die Folie über dem Korken entfernen	
Die Flasche am Hals festhalten und den Korken mit dem Daumen absichern. Dabei die Flasche schräg und niemals in Richtung einer Person halten. Durch Drehbewegungen der Drahtschlaufe den Draht öffnen und entfernen. Dabei den Daumen nicht vom Korken lösen.	
Service wie bei Weiß- und Rotwein	

LERNFELD 3.2 — Bier

Herstellung und Warenkunde

1. Schreiben Sie ein Kurzreferat über die Bierherstellung. Informieren Sie sich hierfür in Fachbüchern oder dem Internet. Die nachfolgende Begriffe helfen Ihnen.

> Mälzerei – Weiche – Braumalz – Tenne – darren – Brauerei – Maische – Grünmalz – Läuterbottich – Treber – Würzpfanne – Stammwürze – Gärkeller

LERNFELD 3.2 — Bier

2. Die einzelnen Biergattungen unterscheiden sich im Stammwürzegehalt voneinander.

a) Ergänzen Sie in der Tabelle die jeweiligen Biergattungen.
b) Finden Sie die im Schwedenrätsel versteckten Biersorten und ordnen Sie sie in die Tabelle ein.
   Die Begriffe im Schwedenrätsel können vorwärts und rückwärts, horizontal, vertikal und auch diagonal gelesen werden.
c) Nennen Sie weitere Biersorten.

Gattung	Einfachbier	Schankbier	Vollbier	Starkbier
Stammwürzegehalt	< 7 %	7–11 %	11–16 %	> 16 %
Sorten	Leichtbier	Berliner Weisse	Export, Weizenbier, Kölsch	Bockbier, Doppelbock

Schwedenrätsel

Y	E	X	P	O	R	T	R	F	E	X	H	S	L	V	F	K	J	K
S	R	E	I	B	K	C	O	B	E	L	F	B	X	F	C	Z	H	Z
F	D	R	R	Q	A	Y	C	O	H	G	Q	D	F	O	M	Y	H	X
C	A	F	D	O	P	P	E	L	B	O	C	K	B	N	F	L	H	S
L	T	O	O	E	S	S	I	E	W	R	E	N	I	L	R	E	B	M
R	E	I	B	T	H	C	I	E	L	B	E	J	J	L	M	M	L	B
B	R	R	S	G	Y	H	D	B	S	Z	I	J	G	H	X	H	S	J
Y	G	R	H	V	A	I	A	S	I	K	O	E	L	S	C	H	L	M
T	L	L	P	D	F	L	G	E	B	L	C	G	U	E	O	V	I	T
X	D	W	O	H	T	R	W	E	I	Z	E	N	B	I	E	R	P	G
M	F	X	I	M	S	T	W	F	O	Y	C	M	B	M	D	Z	M	U

Gefundene Sorten: Export, Bockbier, Doppelbock, Berliner Weisse, Leichtbier, Kölsch, Weizenbier

c) **Weitere Biersorten:** Pils, Altbier, Märzen, Lagerbier, Eisbock, Helles, Maibock, Schwarzbier, Rauchbier

LERNFELD 3.2 — Bier

3. Unterscheiden Sie zwischen obergärigem und untergärigem Bier und geben Sie je vier Beispiele an.

Bierhefe	obergärig	untergärig
Erklärung		
Beispiele		

4. Ordnen Sie folgende ausländische Biersorten dem jeweiligen Herkunftsland zu und ergänzen Sie eigene Beispiele.

> Budweiser – Mutzig – Heinecken – Ale – Guinness – Lambic – Budweiser – Porter – Amstel – Tuborg – Stout – Kilkenney – Pilsner Urquell – Kronenbourg – Carlsberg

Großbritannien: _____

USA: _____

Tschechien: _____

Irland: _____

Frankreich: _____

Dänemark: _____

Belgien: _____

Niederlande: _____

5. Beschreiben Sie die folgenden Biermischgetränke.

Radler/Alsterwasser: _____

Mischbier: _____

Berliner Weiße: _____

Colabier: _____

LERNFELD 3.2 — Aperitif und Digestif

1. Folgende Aussagen beschäftigen sich mit Aperitifs und Digestifs. Kreuzen Sie die richtige Aussage an. Die Buchstaben der richtigen Lösungen ergeben in einer sinnvollen Reihenfolge das Lösungswort.

P	Aperitife wirken appetitanregend uns stimmungshebend.	richtig	falsch
S	Als Aperitif serviert man oft After-Dinner-Cocktails.	richtig	falsch
A	Aperol und Amer Picon zählen zu den Bitter-Spirituosen.	richtig	falsch
R	Digestifs werden gerne zum Kaffee getrunken.	richtig	falsch
M	Zum Aperitif werden üblicherweise keine Speisen gereicht, falls gewünscht reicht man kleine Häppchen.	richtig	falsch
U	Noilly Prat ist ein beliebter Digestif auf Weinbasis.	richtig	falsch
M	Ouzo, Pastis und Ricard sind Aperitife auf Weinbasis.	richtig	falsch
A	Campari wird gerne on the rocks, mit Orangensaft oder Sekt getrunken.	richtig	falsch
C	Obstbrände sind beliebte Digestifs.	richtig	falsch
K	Cinzano ist ein französischer Vermouth.	richtig	falsch
E	Sherry wird immer trocken ausgebaut.	richtig	falsch
T	Süße Portweine werden in der Regel vor dem Essen getrunken.	richtig	falsch
I	Dubonnet ist ein Aperitif, der aus weißen und roten Likörweinen versetzt mit Kräuterauszügen hergestellt wird.	richtig	falsch

Lösungswort: _____

2. Ordnen Sie mittels Pfeilen die einzelnen Aperitife der richtigen Beschreibung zu.

Martini		Aperitif mit vorherrschendem Anisgeschmack, der aus dem Sternanis heraus destilliertem Anisöl, Zucker, Alkohol, Wasser und Kräutern hergestellt wird.
Cynar		Mischung aus frischem Traubensaft mit 96 %igem Alkohol, Chinin, Vanille und Kräutern, die mindestens ein Jahr in Eichenholzfässern lagern muss.
St. Raphael		Bitter-Aperitif auf der Basis von Artischockensaft, Kräutern und Alkohol hergestellt.
Pernod		Vermouth aus Italien auf Weinbasis mit Kräutern und Wermutkraut hergestellt.

LERNFELD 3.2 Spirituosen

Situation: Sie haben schon die einzelnen Spirituosen kennengelernt. Sie kennen den Ablauf einer Destillation, die Einteilung einzelner Spirituosen nach verwendeten Rohstoffen und Herkunftsländern sowie die Unterscheidung einzelner Likörsorten. Nun sollen Sie sich mit ausgewählten Spirituosen genauer beschäftigen.

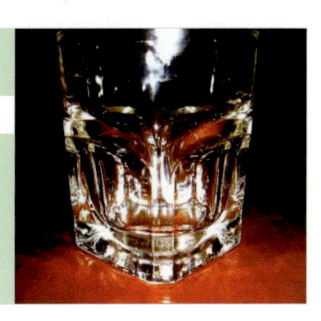

Whiskey/Whisky

1. Der Lückentext beschreibt die Whiskey/Whisky-Herstellung. („Whiskey" ist die Schreibweise für amerikanischen oder irischen Whisky, „Whisky" meint schottischen Whisky.) Fügen Sie folgende Begriffe sachlich richtig in die Textlücken ein.

> Rauchnote – Darren – getrocknet – Weizen – Maische – Portwein – Destillat – Getreidearten – Wasser – blended – Scotch – Enzyme – Stärke – Geschmacksrichtung – Hefe – Alkohol – Gerste – Zeit – Gerstenmalz – Tennen – Grain-Whiskey – Würze – Destillation – straight – Eichenfässern – blenden – Gärvorgang

Die Whisky-Herstellung klingt in der Theorie ganz einfach. Man nehme hochwertige _____ (_____, Roggen, Gerste, Mais), klares _____, etwas Hefe und sehr viel _____. Jeder Whisky benötigt einen unterschiedlichen Anteil an Gerstenmalz. Da Getreide nur _____, aber keinen Zucker enthält, verwandeln die _____ des Gerstenmalzes die Stärke in Zucker. Hierzu wird die _____ zunächst für 2 bis 3 Tage in Wasser geweicht und dann auf großen _____ zum Keimen gebracht. Die keimenden Körner werden dann über einem Torf- oder Holzkohlefeuer _____. Diesen Vorgang nennt man _____. Je nach Brennmaterial nimmt das Malz eine bestimmte _____ an, die entscheidend für die jeweilige _____ des Whiskys ist. Nach dem Mälzen wird das ausgesuchte Getreide nun gemaischt. Je nach Art und Zusammensetzung der _____ entstehen später unterschiedliche Whiskys: Für Malt-Whisky wird nur Maische aus _____ angesetzt. Für _____ wird Maische aus verschiedenen Getreidesorten angesetzt. Nun wird die süße Maische gefiltert. Die verbleibende Flüssigkeit wird _____ genannt. Ihr wird _____ zugegeben und der _____ beginnt. Nach ca. 48 Stunden ist durch die Gärung eine klare Flüssigkeit entstanden, die 6 bis 8 Vol.-% _____ enthält. Anschließend erfolgt die _____, d.h. die Trennung des Alkohols von der übrigen Flüssigkeit durch Verdampfung. Das Ergebnis ist noch kein Whisky, sondern ein hochprozentiges _____, welches später mit Wasser verdünnt wird. Gelagert wird der Whisky mindestens 3 Jahre in _____ oder in alten Sherry- bzw. _____-Fässern. Unterschieden werden weiterhin unverschnittene Whiskeyarten (_____, unblended) von verschnittenen/vermählten (_____) Arten. Single Malt-Whiskys aus reinem Gerstenmalz haben einen recht eigenwilligen Geschmack und sind nicht jedermanns Sache. Um auch andere Käuferschichten zu erschließen, begannen die Schotten Mitte des 19. Jahrhunderts Whisky mit Grain-Whisky zu _____ und diesen als Blended _____ zu vermarkten.

2. Ein wahrer Liebhaber trinkt seinen Whiskey/Whisky im Tumbler pur und ungekühlt. Nennen Sie weitere Möglichkeiten, wie er häufig getrunken wird.

_____

3. Nach seiner Herkunft unterscheidet man vier Whiskey/Whisky-Arten. Nennen Sie diese.

_____
_____

LERNFELD 3.2 Spirituosen

Obstbrände

1. Unterscheiden Sie zwischen Obstbrand bzw. -wasser und Obstgeist.

2. Ordnen Sie folgende bekannte Obstbrände mittels Pfeilen den enthaltenen Früchten zu.

   Eau de vie de Framboise

   Slibovitz

   Barack Palinka

   Calvados

   Williams

3. Obstbrände werden in unterschiedlichen Gläsern serviert. Wann würden Sie den Snifter/Schwenker einem Stamper ohne Stiel vorziehen?

4. Begründen Sie die optimalen Ausschanktemperaturen für Spirituosen aus Früchten.

5. Nennen Sie Obstbrände, die in Ihrem Betrieb angeboten werden.

LERNFELD 3.2 Spirituosen

Weinbrände

1. *Füllen Sie die Textlücken sinnvoll aus, indem Sie folgende Begriffe einsetzen.*

> Marriage – Geschmacksstoffe – Aquardente – qualitative – zwei – jüngste – Gascogne – Meer – 6 – Limousin-Eichen-Fässern – Muskateller-Rebe – Asbach Uralt – Armagnac – 30 – 3 – Italien – Atmung – Pisco – Charente – Qualität – Brandy – 5 – Cognac – Klima – Pflaumen – Grappa – Lagerung – Chantré – Eau de vie de vin – Tresterbrände

Weinbrand wird in _____ Brennvorgängen destilliert. Er erhält sein charakteristisches Bukett während der _____ durch die im Holz enthaltenen Farb- und _____, die _____ der Fässer und die Kellertemperatur. Am Ende der Lagerzeit steht meist eine _____, d. h. ein Verschneiden, um eine gleichbleibende _____ zu erhalten. _____ wird oft als der König der Spirituosen bezeichnet. Er stammt aus dem Departement _____ rund um die Stadt Cognac. Das besondere _____, die Bodenbeschaffenheit und die Nähe zum _____ verleihen dieser Region ihre Ausnahmestellung. Cognac wird mindestens _____ Monate in _____ gelagert. Der jeweils _____ Anteil in der Cognac-Cuvée bestimmt die Klassifizierung. Je nach Mindestreifezeit unterscheidet man zwischen V.S. (mindestens _____ Jahre gelagert), V.S.O.P. (_____ Jahre) und X.O. (_____ Jahre). Die durchschnittliche Reifezeit kann aber 20 Jahre und mehr betragen. Der ältere, aber weniger berühmte Bruder des Cognacs ist der _____. Er kommt ausschließlich aus der _____, einer warmen Region zwischen zwei Meeren. Eine Spezialität sind die „Pruneaux à l'Armagnac", in Armagnac eingelegte _____. Kommt der Weinbrand aus anderen Regionen Frankreichs, wird er als _____ bezeichnet. Eine portugiesische Spezialität ist der _____, während ein _____ aus Spanien, Griechenland oder _____ stammen kann. Bekannteste deutsche Weinbrände sind der _____ und der _____. Hauptsächlich aus Weinen der _____ wird der aus Chile stammende, farblose _____ hergestellt. _____ werden aus vergorenen Traubentrestern hergestellt. Ein bekannter Vertreter ist der italienische _____, der früher als „Arme-Leute-Schnaps" galt und heute durch _____ Verbesserung eine besondere Spezialität geworden ist.

Spirituosen aus Zuckerrohr

1. *Rum und Cachaça werden beide aus Zuckerrohr hergestellt. Erklären Sie die Unterschiede.*

_____
_____
_____
_____
_____

Mit Gewürzen aromatisierte Spirituosen

1. *Nennen Sie fünf bekannte Spirituosen, die ihr Aroma unterschiedlichen Gewürzen verdanken. Geben Sie hinter jeder Spirituose das entsprechende Gewürz an. Vergleichen Sie Ihre Ergebnisse in der Klasse.*

_____
_____

LERNFELD 3.2 | Mischgetränke

Arbeiten an der Bar

1. Neben der Hotelbar gibt es noch andere Bartypen. Nennen Sie vier weitere.
   _____

2. Eine Hotelbar ist in der Regel ein beliebtes Kommunikationszentrum. Zählen Sie Anlässe/Zeiten auf, wann eine Hotelbar gerne besucht wird.
   _____
   _____
   _____
   _____

3. Nennen Sie wichtige Einrichtungsgegenstände einer Bar und erläutern Sie, welche Gläsertypen, Getränke und weitere Zutaten bereit stehen sollten.

   Einrichtung

Einrichtung	Gläsertypen
_____	_____
_____	_____
_____	_____
_____	_____
_____	_____
_____	_____
_____	_____
_____	_____
_____	_____
_____	_____

   Getränke/Zutaten (Oberbegriffe)

   _____   _____
   _____   _____
   _____   _____
   _____   _____
   _____   _____
   _____   _____
   _____   _____

LERNFELD 3.2 — Mischgetränke

4. Im Schwedenrätsel sind einige wichtige Fachbegriffe, die zum Arbeiten an der Bar bekannt sein sollten, versteckt. Finden Sie die Begriffe und ordnen Sie sie den richtigen Erklärungen zu. Die Begriffe können vorwärts, rückwärts und diagonal zu lesen sein.

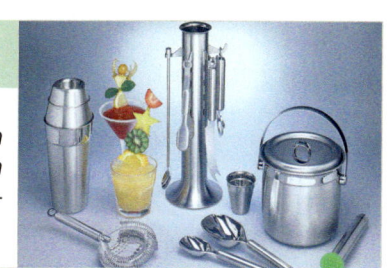

D	I	C	G	R	I	S	Z	W	Y	Y	T	L	D	W	Q	L	X	O
J	R	E	D	N	E	L	B	C	O	N	X	R	H	S	A	T	V	U
I	E	L	R	R	I	C	N	V	X	L	E	Q	A	C	R	M	O	
G	Z	Z	E	Z	C	U	C	M	Z	P	A	W	X	T	S	C	B	F
G	E	W	K	Y	N	U	G	E	R	N	P	L	I	V	J	Z	Q	Z
E	E	H	A	J	P	R	N	K	G	V	D	V	D	Z	S	B	V	T
R	U	V	H	Q	A	I	V	I	C	R	U	S	T	A	K	U	W	Y
H	Q	T	S	T	E	C	C	T	I	U	I	N	A	B	A	O	F	D
A	S	F	E	O	S	E	T	Z	U	C	I	N	F	Q	F	Y	W	Y
C	Z	R	D	Z	P	B	X	U	T	Q	E	L	D	V	K	S	V	C
E	N	T	S	I	A	B	I	T	G	D	Z	C	E	E	M	G	P	K
S	O	K	C	T	I	I	D	N	I	R	H	C	U	D	R	D	U	I
T	O	Y	L	V	R	R	H	M	U	G	B	W	P	B	L	U	M	J
M	P	H	F	K	I	A	F	O	X	O	B	B	O	S	E	L	Y	Y
A	S	H	G	J	Q	C	I	D	A	S	H	B	O	T	T	L	E	B
K	R	V	H	T	D	O	Y	N	R	E	R	I	T	S	D	H	L	K
E	A	D	T	Z	Z	Y	U	E	E	T	W	P	J	I	Z	A	Q	X
R	B	P	Z	R	S	G	C	O	V	R	M	T	X	G	M	Z	Y	Y

	langstieliger Löffel zum Rühren und Abmessen		Eiswürfel
_____	Reibe, z. B. zum Reiben von Muskatnüssen	_____	Zestenschneider
_____	Eispickel	_____	Zuckerrand an Gläsern
_____	mehrteiliger Becher zum Mixen von Cocktails	_____	Mixmaschine
_____	Barsieb	_____	Spritzflasche
_____	Fruchtpresse	_____	Sticks zum Umrühren
_____	Messbecher	_____	Eismühle

5. Benennen Sie die abgebildeten Geräte.

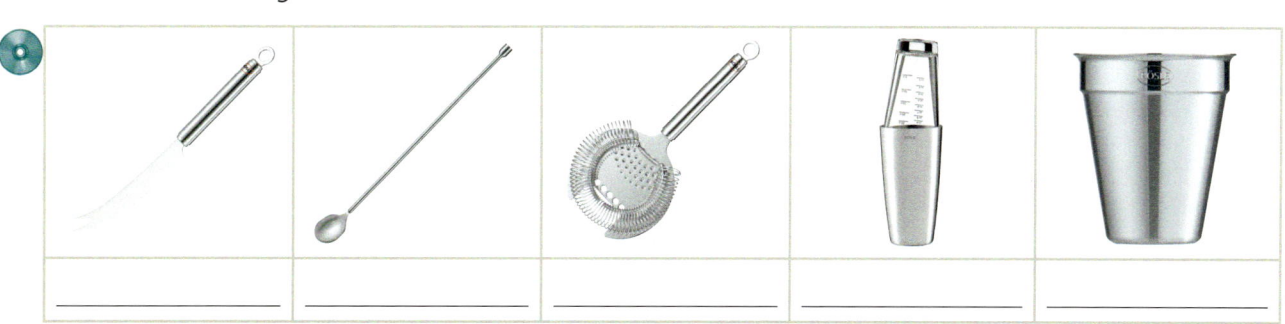

67

LERNFELD 3.2 Mischgetränke

6. Die folgenden Aussagen beschäftigen sich mit der Zubereitung von Mischgetränken. Kreuzen Sie die richtige Aussage an. Die Buchstaben der richtigen Lösungen ergeben in einer sinnvollen Reihenfolge das Lösungswort.

K	„Built" bezeichnet die Zubereitung eines Mischgetränkes direkt im Gästeglas.	**richtig**	falsch
S	Das Mischen von Getränken mit einem Elektromixer wird als „shaken" bezeichnet.	richtig	**falsch**
R	„Straight" meint pur, ohne alles.	**richtig**	falsch
R	Die Reihenfolge der Zutaten ist bei der Zubereitung eines Mischgetränkes egal.	richtig	**falsch**
S	Rezepturtreue ist bei der Herstellung von Mischgetränken eine wichtige Voraussetzung.	**richtig**	falsch
U	Das Shaken sollte immer mindestens eine Minute dauern, damit alle Zutaten richtig vermischt sind.	richtig	**falsch**
M	Cocktails werden auch als Longdrinks bezeichnet.	richtig	**falsch**
A	Das Mischen in einem Rührglas eignet sich besonders für dünnflüssige Zutaten.	**richtig**	falsch
H	Schwer mischbare Zutaten werden im Shaker zubereitet.	**richtig**	falsch
E	Das Barmaß für Longdrinks beträgt maximal 7 cl.	richtig	**falsch**
T	Cobbler-ice bezeichnet fein gemahlenes Eis	richtig	**falsch**
E	Gemischte Getränke werden in gekühlte Gläser passiert.	**richtig**	falsch

Lösungswort: SHAKER

7. Die Fotos zeigen das Erstellen von Zuckerrändern. Beschreiben Sie die einzelnen Arbeitsschritte.

| LERNFELD 3.2 | **Mischgetränke** |

8. *Erklären Sie folgende Mischgetränk-Arten.*

   Cocktail: _____

   Pousse-Café: _____

   Sour: _____

   Flip: _____

   Fizz: _____

9. *Ergänzen Sie diese Aufzählung um weitere selbst gewählte Longdrink-Arten.*

   _____

10. *Eine passende Dekoration gehört als Abrundung zu jedem Cocktail oder Longdrink. Beschreiben Sie mögliche Dekorationen.*

    _____

11. *Was versteht man unter einem „Pick me up"?*

    _____

LERNFELD 3.2 Mischgetränke

12. Ordnen Sie die jeweiligen Cocktails/Longdrinks mittels Pfeilen den entsprechenden Zutaten zu. Kennzeichnen Sie mit den Buchstaben „C" oder „L", ob es sich um einen Cocktail oder Longdrink handelt.

Cocktail/Longdrink	Zutaten
Manhattan	Eis, 4 cl weißer Rum, 1 BL Zitronensaft, 1 Bl Zuckersirup
Gin Fizz	Eis, 1 d Angostura Bitter, 2 cl Vermouth rot, 4 cl CanadienWhisky, Cocktailkirsche
Americano	Eis, 6 cl Cachaça, 2 BL Rohrzucker, 1 Limette
Daiquiri	2 cl Zitronensaft, 4 cl Wodka, 10 cl Tomatensaft, 2 d Tabasco, Salz, Pfeffer, Selleriestange oder Zitrone
Martini dry	Eis, 3 cl Campari, 3 cl Vermouth, Soda, Orangenscheibe
Caipirinha	Eis, 2 cl Vermouth, 4 cl Dry Gin, Olive
Bloody Mary	Eis, 2 cl Zuckersirup, 2 cl Zitronensaft, 4 cl Dry Gin, Soda

13. Auf den Fotos sehen Sie die oben genannten Cocktails/Longdrinks. Ergänzen Sie die jeweiligen Bezeichnungen unter den Abbildungen.

14. Nennen Sie fünf weitere Cocktails bzw. Longdrinks.

_____
_____
_____
_____

(Alle Fotos dieser Seite ©: www.marions-kochbuch.de)

Lernfeld 3.3
Führen einer Station

LERNFELD 3.3 Führen einer Station

Grundlagen

1. Definieren Sie den Begriff „Station".

   _____
   _____
   _____

2. Listen Sie Kompetenzen, Fähigkeiten und Kenntnisse auf, über die eine Restaurantfachkraft verfügen wollte, um eine Station selbstständig zu führen.

   _____
   _____
   _____
   _____
   _____
   _____
   _____
   _____

3. Nennen Sie die Aufgabenbereiche, die zum Führen einer Station gehören. Die Abbildungen geben Hinweise zu einigen Aufgabenbereichen.

   _____
   _____
   _____
   _____
   _____
   _____
   _____
   _____
   _____

LERNFELD 3.3 Gästebetreuung

Verkaufsgespräch

Situation: Ein Gast möchte das 50-jährige Bestehen einer Spedition in Ihrem Restaurant feiern. Geplant ist ein Empfang mit anschließendem Essen im kleineren Kreis. Zum Empfang werden etwa 150 bis 200 Personen erwartet, zum Essen ca. 75. Die Veranstaltung soll nachmittags beginnen. Nach dem Empfang werden Grußworte und Reden erwartet. Diese sollen durch eine Kaffeepause unterbrochen werden.

Wer fragt, führt! Die Fragetechnik entscheidet die Richtung, in die sich ein Gespräch entwickelt.

1. Nennen Sie fünf offen gestellte Informationsfragen und die dazugehörige Antwort.

Frage	Antwort

2. Begründen Sie, weshalb offen gestellte Informationsfragen sich besonders gut für den Gesprächsanfang eignen.

3. „Möchten Sie Kuchen in der Kaffeepause?"
   Erklären Sie, wie sich diese Frage auf das Gespräch auswirkt.

LERNFELD 3.3 Gästebetreuung

Verkaufsgespräch

4. *Ordnen Sie die verschiedenen Fragearten den Beispielen zu und skizzieren Sie ihren Einfluss auf das Gespräch.*

> Alternativfragen – Suggestivfragen – Rhetorische Fragen – Gegenfragen – Kontrollfragen

Beispiel	Frageart	Einfluss auf das Gespräch
„Der ‚Kirrweiler Mandelberg' passt Ihnen sicherlich auch am besten zur Vorspeise?"	Antwort wird nicht erwartet	
Kunde: „Verwenden Sie Orangensaft aus Konzentrat?" „Möchten Sie lieber frisch gepressten Orangensaft?"	Fordert eine Antwort	
„Sie werden doch nicht auf einen gemeinsamen Abend verzichten?"	Beinhaltet erwartete Antwort	
„Möchten Sie Tee oder Kaffee für die erste Pause?"	Fragebaum	
„Habe ich Sie richtig verstanden, dass…"* „Werden Sie den Weg finden?"** „Haben Sie das verstanden?"**		* **

74

LERNFELD 3.3 — Verkaufsgespräch am Telefon

Verkaufsgespräche am Telefon sind keine Ausnahme mehr. Auch hierbei sollten Sie einige Regeln beachten.

1. Sie erhalten eine schriftliche Anfrage eines Gastes. Sie wollen den Kunden zurückrufen. Beschreiben Sie kurz den Ablauf des Telefonates.

3. Welche Aussagen sollten am Ende des Gesprächs dem Kunden gegenüber möglich sein?

4. Nennen Sie Möglichkeiten, auf welche Art eine Reservierung Ihren Betrieb erreichen kann.

5. Sie nehmen einen Anruf eines potenziellen Kunden entgegen. Ein Gast fragt nach einer Reservierung. Welche grundlegenden Inhalte sollte der Gast am Telefon erfahren können? Wie sollten Sie sich verhalten und was sollte bei dem Telefonat vermieden werden?

LERNFELD 3.3 Verkaufsgespräch am Telefon

6. Erläutern Sie genau, wie Sie sich am Telefon verhalten (Rufannahme, Gastansprache, Tonfall, schriftliche Fixierung des Anrufs, usw.).

7. Ein Gast ruft an, da er seinen Geburtstag in Ihrem Restaurant feiern möchte. Welche Informationen benötigen Sie für die weitere Planung?

8. Erstellen Sie eine Checkliste oder ein Formular für Gesprächsnotizen.

LERNFELD 3.3 Reklamationsmanagement

Eine der schwierigsten Aufgaben in einen Restaurantbetrieb ist es, jedem Gast nach seinen individuellen Bedürfnissen gerecht zu werden. Gelingt dies nicht, kann es zu Reklamationen kommen.

1. Beschreiben Sie selbst erfahrene oder fiktive Situationen, in denen es in Ihrem Betrieb zu Reklamationen gekommen ist bzw. kommen könnte und vergleichen Sie Ihre Erfahrungen mit Ihren Mitschülern.

2. Eine Reklamation ist keine Nörgelei oder Ruhestörung, sondern ein im Nachhinein geäußerter Kundenwunsch. Sie kann auch ein Warnsignal eines absprungbereiten Kunden sein. Denn bei Unzufriedenheit denken viele Kunden auch über einen Wechsel nach.
   Erstellen Sie aus Ihrer Erfahrung einen Leitfaden zur Reklamationsbehandlung.

3. Stellen Sie sich folgende Situation vor:
   Sie sind selbst Gast in einem Restaurant. Sie haben für eine Feier einen Tisch am Fenster reserviert. Sie wünschen eine eher moderne Tischdekoration. Der eingedeckte Tisch, der Ihnen zugewiesen wird, steht in der Mitte des Restaurants, die Dekoration wirkt hausbacken und rustikal. Sie möchten sich beschweren.
   Spielen Sie diese Situation gedanklich oder in Ihrer Klasse durch und notieren Sie, was Ihnen positiv und negativ aufgefallen ist.

| LERNFELD 3.3 | **Reklamationsmanagement** |

4. Manche Gäste sind unzufrieden, ärgern sich und fühlen sich falsch behandelt, reklamieren aber nicht. Nennen Sie Gründe, warum ein unzufriedener Gast auf eine Reklamation verzichten könnte.

___

5. Grundsätzlich können zwei Reklamationsarten unterschieden werden:
„Einer gewinnt – einer verliert" oder „jeder gewinnt"
Ein positives Beschwerdegespräch endet damit, dass sich beide Parteien als „Sieger" fühlen. Dies hängt aber oft vom Grund der Reklamation ab. Nennen Sie erlebte oder fiktive Beispiele, die beide Reklamationsarten verdeutlichen und diskutieren Sie Ihre Ergebnisse in der Klasse.

Einer gewinnt – einer verliert:

___

Jeder gewinnt:

___

6. „Der Gast ist König!" Trotzdem kann es vorkommen, dass ein Gast unzufrieden mit dem Ausgang eines Reklamationsgespräches ist, weil er der „Verlierer" ist.
Nennen Sie mögliche Gründe, die ein Restaurant veranlassen könnten, einer Reklamation nicht zu entsprechen.

___

7. Welche Erfolgsfaktoren führen zu einem erfolgreichen Reklamationsgespräch?

___

LERNFELD 3.3 Gästebetreuung

Umgang mit Kunden und Gästen

Der Gast (Kunde) ist König, denn
– er bringt den Umsatz!
– er zahlt das Gehalt!

Der erste Eindruck ist entscheidend, um sein Gegenüber einzuordnen.

1. *Nennen Sie Faktoren, durch die das Gegenüber sehr viel über sich verrät.*

_____

_____

2. *Nennen Sie Signale, mit denen Sie einen positiven Eindruck bei Ihrem Gegenüber erwecken.*

_____

_____

3. *Kreuzen Sie die richtigen Aussagen an.*

Ein Mensch nimmt sich durchschnittlich nur wenige Sekunden Zeit, um sein Gegenüber einzuordnen.	richtig	falsch
Bei einem schlechten ersten Eindruck öffnet sich das Gegenüber für positive Signale.	richtig	falsch
Bei einem schlechten ersten Eindruck sucht das Gegenüber nach Fehlern.	richtig	falsch
Die Bereitschaft, zu einem Kaufabschluss zu kommen, hängt stark von der persönlichen Beziehung zum Gegenüber ab.	richtig	falsch
Ein entspanntes Abstützen am Empfang signalisiert ein freundschaftliches Verhältnis zum Gegenüber.	richtig	falsch
Ein freundschaftliches Verhältnis zum Gegenüber fördert die Kaufbereitschaft.	richtig	falsch
Einen hohe Stimmlage weckt Vertrauen.	richtig	falsch
Der Blickkontakt zum Gegenüber soll nach 3 bis 4 Sekunden abgebrochen werden.	richtig	falsch
Das Gegenüber zeigt seine echten Vorlieben am deutlichsten mit Gestik, Mimik und Körpersprache.	richtig	falsch
Vertraulichkeiten wirken sich immer positiv auf das Kaufverhalten aus.	richtig	falsch
Ein leichter Händedruck zeigt Rücksichtnahme auf das Gegenüber und damit auch Selbstsicherheit.	richtig	falsch
Bei der Begrüßung wird die Frau immer zuerst dem Mann vorgestellt.	richtig	falsch
Das Händeschütteln zur Begrüßung ist nicht in allen Kulturkreisen üblich.	richtig	falsch

LERNFELD 3.3 Gästebetreuung

Gästegruppen

Situation: Im Rahmen einer internen Fortbildung erhalten Sie Informationen zu unterschiedlichen Gästegruppen und auf welche Besonderheiten Sie vorbereitet sein sollten. Natürlich ist jeder Gast ein Individuum mit eigenen Wünschen und Vorstellungen, aber einige Gemeinsamkeiten verschiedener Gästegruppen lassen sich schon zusammen stellen.

1. Zählen Sie unterschiedliche Gästegruppen auf, mit denen Sie zu tun haben.

   _____
   _____
   _____

2. Versuchen Sie die Gemeinsamkeiten folgender Gästegruppen zu finden und beschreiben Sie Möglichkeiten, wie Sie die möglichen Wünsche und Bedürfnisse erfüllen könnten. Falls Sie bei der ein oder anderen aufgelisteten Gruppe auch Probleme sehen, notieren Sie diese ebenfalls.

Gästegruppe	Wünsche/ Bedürfnisse/mögliche Probleme
Festgesellschaft	
Eltern mit jüngeren Kindern	
Stammgäste	
Gäste mit Tieren	
Ausländische Gäste	

LERNFELD 3.3 — Arbeiten am Tisch des Gastes

Grundlagen

Situation: Nach Beendigung Ihrer Ausbildung treten Sie Ihre erste Stelle als Chef de rang an. Ihr neuer Arbeitsplatz ist ein Restaurant, in dem bisher ausschließlich Tellergerichte angeboten wurden. Durch einen Wechsel in der Geschäftsleitung soll das Konzept verändert werden. Künftig soll das Arbeiten am Tisch des Gastes einen höheren Stellenwert einnehmen. Eine Ihrer Aufgaben wird es sein, gemeinsam mit dem Restaurantleiter die Voraussetzungen dafür zu schaffen und die anderen Mitarbeiter zu schulen.

1. Welche Tätigkeiten gehören zu den „Arbeiten am Tisch des Gastes"?

2. Nennen Sie Kenntnisse und Fähigkeiten, die Voraussetzung für das Arbeiten am Tisch des Gastes sind.

3. Das Arbeiten am Tisch des Gastes erfordert einen hohen Personal- und Zeitaufwand. Nennen Sie Gründe, die trotzdem für das Arbeiten am Tisch des Gastes sprechen.

LERNFELD 3.3 Arbeiten am Tisch des Gastes

4. Benennen Sie die folgenden Geräte bzw. Gegenstände und erläutern Sie Ihre Einsatzmöglichkeiten.

82

LERNFELD 3.3 Filetieren

Grundlagen

1. *Was versteht man unter dem Begriff „Filetieren"?*

_____

_____

_____

2. *Ergänzen Sie die Textlücken, indem Sie die folgenden Begriffe sinnvoll einsetzen.*

> blau – Größe – Süßwasserfisch – Forellen – Portionsfische – zwei – Salzwasserfisch – vier – Form – Zubereitungsart – gebraten – Rundfische – Plattfische – Seezungen – Lachsforellen

Das Filetieren von Fischen am Tisch des Gastes erfordert genaue Kenntnisse der Anatomie der Tiere. Das Filetieren wird nur dann einwandfrei gelingen und ästhetisch aussehen, wenn der Trancheur den Aufbau und den Verlauf der Gräten kennt.

Beim Filetieren ist es nicht von Bedeutung, ob es sich um einen _____ oder einen _____ handelt. Wichtig sind jedoch die _____ und die _____ des Fisches.

Bei der Form unterscheidet man _____ und _____. Hierbei gilt es zu beachten, dass beim Filetieren von Rundfischen _____ Filets entstehen. Beim Filetieren von Plattfische entstehen jedoch _____ Filets.

Bezüglich der Größe bezeichnet man Fisch, die zum Verzehr für eine Person geeignet sind, als _____ _____. Hierzu gehören unter anderem _____ und _____. Zu den Fischen, die häufig am Tisch filetiert werden und sich von der Größe her für mehrere Personen eignen, zählen die _____.

Ein weiteres wichtiges Kriterium ist ist die _____.

Bei _____ Fischen wird die Haut der Fische in aller Regel mitgegessen. Bei _____ zubereiteten Fischen wird – nach Rücksprache mit dem Gast – die Haut meistens entfernt.

LERNFELD 3.3 Filetieren

3. *Fische kann man nach den unterschiedlichsten Kriterien einteilen. Auf den beiden Fotos sehen Sie zwei unterschiedliche Fischformen. Bennennen Sie diese.*

_____   _____

4. *Nennen Sie Beispiele für die unter Aufgabe 3 genannten Gruppen.*

Rundfische: _____

Plattfische: _____

5. *Beim Erstellen der neuen Fischkarte wirken Sie mit. Suchen Sie vier Fischgerichte inklusive der Zubereitungsart und den passenden Beilagen aus. Beachten Sie hierbei, dass sich die Gerichte zum Filetieren am Tisch des Gastes eigenen müssen und erklären Sie diese gastgerecht.*

_____
_____
_____
_____
_____
_____
_____
_____
_____
_____
_____
_____
_____
_____
_____

6. *Vergleichen Sie Ihre Ergebnisse mit Ihren Mitschülern. In Form einer Diskussionsrunde können Sie Ihre Auswahl begründen.*

| LERNFELD 3.3 | Filetieren von Rundfischen (Forelle blau) |

1. *Die Bilder zeigen das Filetieren einer Forelle (Forelle blau). Beschreiben Sie die einzelnen Arbeitsschritte.*

85

LERNFELD 3.3 Filetieren von Rundfischen (Forelle blau)

| LERNFELD 3.3 | Filetieren von Rundfischen (Forelle nach Müllerinart) |

2. Erstellen Sie mithilfe der Bilder eine Arbeitsanweisung für Ihre Kollegen.

LERNFELD 3.3 Filetieren von Plattfischen (Seezunge)

1. *Beschreibe Sie das Filetieren einer Seezunge. Die Bilder helfen Ihnen dabei.*

LERNFELD 3.3 — Tranchieren

Grundlagen

1. Beschreiben Sie mit eigenen Worten, was man unter dem Begriff „Tranchieren" versteht.

2. Nennen Sie Beispiele von Speisen, die sich zum Tranchieren am Tisch des Gastes eignen.

Schlachtfleisch	
Wild	
Hausgeflügel	
Wildgeflügel	
Krustentiere	
Fische	

3. Welche Grundsätze sind beim Tranchieren zu beachten?

Beim Tranchieren die folgenden Grundsätze beachten:

| LERNFELD 3.3 | Tranchieren von Krustentieren (Hummer) |

1. Erstellen Sie mithilfe der Bilder eine Arbeitsanweisung für Ihre Kollegen.

Lernfeld 3.3 Tranchieren von Krustentieren (Hummer)

LERNFELD 3.3 Flambieren

Grundlagen

1. Erklären Sie Ihren Kollegen was man unter Flambieren versteht.

2. Welche Arbeitsgeräte werden zum Flambieren benötigt?

3. Beim Flambieren am Tisch des Gastes handelt es sich auch um Arbeiten mit offenem Feuer. Nennen Sie einige Gefahren. Mit welchen Arbeitsweisen können Sie Verletzungen der Mitarbeiter bzw. der Gäste verhindern?

4. Die beim Flambieren verwendeten Spirituosen sollen das Gericht harmonisch ergänzen und den Geschmack abrunden. Es eignen sich Spirituosen ab einem Alkoholgehalt von 38 Vol.-%. Zum weiteren Verfeinern der Gerichte bzw. der Soßen werden zusätzlich häufig Liköre und Wein verwendet. Ordnen Sie die folgenden Spirituosen/Liköre den entsprechenden Speisen zu. Mehrfachnennungen sind möglich.

Weißwein – Kirschlikör – Sherry – Southern Comfort – Rotwein – Grand Marnier – Cognac/Weinbrand – Cointreau – Kirschwasser

Crêpes Suzette	
Flambierte Pfirsiche	
Flambierte Kirschen	
Filetsspitzen Stroganoff	
Kalbsnieren	
Krustentiere	

LERNFELD 3.3 Crêpes Suzette

1. Erstellen Sie mithilfe der Bilder eine Arbeitsanweisung für Ihre Kollegen.

Mise en place und Materialanforderung:

- Flambierwagen oder Gaskartuschenkocher
- eine Pfanne, ein vorgewärmter Teller
- Feuerzeug
- zwei kleine, sehr dünne Crêpes
- Streuzucker
- Butter
- Orangensaft, Zitronensaft
- 2 cl Grand Marnier, 2 cl Cognac
- Vorlegebesteck, kleine Suppenkelle (Louche)
- Handserviette

LERNFELD 3.3 Crêpes Suzette

LERNFELD 3.3 Irish Coffee

1. Erstellen Sie mithilfe der Bilder eine Arbeitsanweisung für Ihre Kollegen.

Mise en place und Materialanforderung:

- 1 Irish Coffee-Glas
- 1 Irish Coffee-Rechaud
- Mittelteller mit Piccoloserviette
- Ablageteller
- Streichhölzer, Aschenbecher
- 2 Mittellöffel, 1 Kaffeelöffel
- 4 cl. Irish Whiskey,
- 1 Kännchen starker, heißer Kaffee
- brauner Rohrzucker
- angeschlagene Sahne

LERNFELD 3.3 Irish Coffee

LERNFELD 3.3 Anrichten von Speisen

Filetieren von Orangen

1. Erstellen Sie mithilfe der Bilder eine Arbeitsanweisung für Ihre Kollegen.

LERNFELD 3.3 Anrichten von Speisen

Käse

1. Nennen Sie Möglichkeiten, wie Sie Käse verkaufsfördernd präsentieren können.

_____

_____

_____

_____

2. In Ihrem Restaurant wurde auch schon früher Käse vom Brett angeboten. Sie finden einige Schneidewerkzeuge vor. Für welche Käsesorten eignen sich diese?

Hartkäsemesser	
Weichkäsemesser	
Käsehobel	
Girolle	
Käsedraht	

3. Aufgrund der vielen unterschiedlichen Käsesorten werden Käsebretter häufig nach einem bestimmten Thema oder Motto zusammengestellt. Ordnen Sie die Käsesorten den bestimmten Themen/dem Motto zu.

> Allgäuer Emmentaler – Camembert – Appenzeller – Münster – Parmesan – Bayerischer Edamer – Brie – Limburger – Mainzer – Tête de moine – Harzer – Mozzarella – Emmentaler – Butterkäse – Pecorino – Roquefort – Handkäse – Gorgonzola – Greyerzer

Aus deutschen Landen	
Italien lässt grüßen	
Käse aus Frankreich	
Schweizer Spezialitäten	

| LERNFELD 3.3 | Anrichten von Speisen |

4. Finden Sie Regeln für das Zusammenstellen und Anrichten einer Käseplatte, wenn kein bestimmtes Motto vorgegeben ist.

___

5. Je nach Form des Käsestückes wird Käse geschnitten. Skizzieren und beschreiben Sie die Schnittführung für die folgenden Formen.

	Kleine, runde Käsesorten, z. B. Ziegenfrischkäse werden
	Größere, runde Käsesorten, z. B. Camembert oder Brie werden
	Rollenkäse, z. B. Butterkäse oder Frischkäserolle wird
	Ovale Käsesorten, z. B. Weichkäse
	Größere Keilformen, z. B. Comté werden

LERNFELD 3.3 — Anrichten von Speisen

6. Welche „Beilagen" empfehlen Sie zu einer Käseauswahl vom Brett?

7. Welche Grundsätze beachten Sie beim Anbieten und Anrichten der Käseportionen auf dem Gästeteller?

8. Das Angebot von Käse vom Brett kann nur dann verkaufsfördernd sein, wenn der angebotene Käse zu jeder Zeit in einem einwandfreien Zustand ist. Deshalb muss Käse richtig und sorgfältig gelagert werden. Kreuzen Sie die richtigen Aussagen an. Die Lösungsbuchstaben der richtigen Aussagen ergeben, in der richtigen Reihenfolge sortiert, das Lösungswort.

D	Luft kann zum Austrocknen des Käses führen.	richtig	falsch
I	Käse sollte möglichst hell gelagert werden.	richtig	falsch
Z	Der Reifeprozess von Käse ist beim Kauf abgeschlossen.	richtig	falsch
O	Die Schnittfläche von Käse kann mit einer gelochten Frischhaltefolie abgedeckt werden.	richtig	falsch
U	Je härter ein Käse ist, desto länger kann er gelagert werden.	richtig	falsch
A	Frischkäse sollte möglichst kühl gelagert werden.	richtig	falsch
R	Je kleiner die Käsestücke sind, umso länger können sie gelagert werden.	richtig	falsch
W	Käse kann problemlos eingefroren und wieder aufgetaut werden.	richtig	falsch
G	Die ideale Lagertemperatur von Käse liegt bei 10 bis 12 °C.	richtig	falsch

Lösungswort:

| LERNFELD 3.3 | Anrichten von Speisen |

9. Nach langer Vorbereitungszeit ist es nun soweit. Sie sollen für den Käseservice vom Brett Käsesorten sowie die nötigen Beilagen zusammenstellen.
Wählen Sie 8 bis 10 Käsesorten und passende „Beilagen" aus und begründen Sie Ihre Entscheidung. Berücksichtigen Sie hierbei die Regeln aus Aufgabe 4.

_____
_____
_____
_____
_____
_____
_____
_____
_____

10. Zeichnen Sie die Anordnung der von Ihnen ausgewählten Käsesorten und Beilagen auf der Platte ein. Beachten Sie hierbei die Reihenfolge der „Käseuhr".

11. Vergleichen und diskutieren Sie die unterschiedlichen Ergebnisse mit Ihren Mitschülern.

Lernfeld 3.4
Bankettorganisation

LERNFELD 3.4 Grundlagenwissen Bankett

1. Vervollständigen Sie mithilfe der vorgegebenen Wörter den Lückentext, der grundlegende Informationen zum Thema Bankett enthält.

> Farbe – Allergien – Vorstellungen – Küche – Bankettmappe – Caterings – Staatsempfänge – Verkaufsgespräch – Konfirmation – Essgewohnheiten – Hotels – Gastgeber – Festessen – perfekten – Firmenjubiläum – Anlässen – gesellschaftliche – Checkliste – Sonderveranstaltung – Professionalität – Taufe – Absprachen – Erkrankungen – Veranstalter – küchentechnisch – Geschäftsleitung – Pausen – Übersicht – Service – Personenkreis – Konsistenz – Probleme – Geschmack – Tranchieren – Menüvorschlägen

Das Bankett stellt eine _____ dar. Es ist ein _____, zu dem ein _____ aus verschiedenen _____ einlädt. Der Gastgeber (_____) kann eine Privatperson oder auch die _____ einer Firma oder Behörde sein. Private Anlässe wie zum Beispiel _____, Kommunion, _____ und Hochzeit können ebenso Grund für ein Bankett sein, wie geschäftliche oder _____ Anlässe, zum Beispiel _____, Weihnachtsfeier, Presseball oder _____. Banketts finden häufig in _____, Restaurants oder in Form eines _____ außer Haus statt.

Wichtig zum _____ Gelingen der Veranstaltung sind nicht nur genaue Absprachen zwischen _____ und _____, sondern auch die optimale Umsetzung der _____ des Gastgebers. Die Wünsche des Gastgebers werden in einem _____ erfragt und notiert. Dabei ist der Einsatz einer _____ absolut notwendig.

Eine _____ ist eine Sammlung von _____, korrespondierenden Getränken, Aperitif- und Digestifempfehlungen sowie einer _____ zur Raumplanung (Tischformen, Raumaufteilung). Sie unterstreicht die _____ und erhöht die Außenwirkung des Hauses.

Bei der Auswahl von Speisen für die Menügestaltung muss berücksichtigt werden, dass bei einem größeren _____ Gäste mit unterschiedlichen _____, eventuellen _____ wie Diabetes, Zöliakie oder _____ eingeladen sein können. Die Menüs sollten so zusammengestellt werden, dass sie keine Speisen enthalten, die _____ schwer handhabbar sind, z. B. Salzburger Nocken (fallen gerne zusammen). Auch beim Service sollten sie keine _____ bereiten, z. B. Flambieren oder _____ am Tisch des Gastes. Speisen, die sich schlecht warm halten lassen sind für ein Bankett ungeeignet, da sie bei geplanten _____ z. B. während einer Tischrede oder Showeinlage, die _____, den _____ und die _____ verlieren könnten.

LERNFELD 3.4 — Grundlagenwissen Bankett

2. Stellen Sie das Bankettgeschäft dem à la carte-Geschäft mithilfe der in der Tabelle vorgegebenen Kriterien gegenüber. Ergänzen Sie weitere Kriterien und diskutieren Sie mit Ihren Mitschülern über Ihre Erfahrungen im Bankett- und à la carte-Geschäft.

Kriterien	Bankettgeschäft	À la carte-Geschäft
Gäste (Anzahl, Gästekreis)		
Personalbedarf		
Planbarkeit (Personal, Waren)		
Abhängig von:		

3. Sie sollen im Beisein Ihres Ausbilders ein Verkaufsgespräch durchführen. Damit dieses Verkaufsgespräch gut abläuft, möchten Sie sich gründlich auf dieses Gespräch vorbereiten. Schreiben Sie dazu auf, welche Erwartungen der Ausbilder an Sie in dieser Rolle hat.

LERNFELD 3.4 — Grundlagenwissen Bankett

4. Es gibt verschiedene Arten von Bankett. Stellen Sie ein Festbankett einem Cocktailempfang mithilfe der in der Tabelle vorgegebenen Kriterien gegenüber. Arbeiten Sie dabei mit Ihrem Tischnachbarn und diskutieren Sie im Anschluss die Ergebnisse im Klassenverband.

Kriterien	Festbankett	Cocktailempfang
Beschreibung (Anlässe, Dauer)		
Speisen		
Getränke		
Besonderheiten		

LERNFELD 3.4 — Verwaltungswesen – Konferenzen und Co.

Situation: Veranstaltungen wie internationale Konferenzen, Schulungen oder Vorträge zu geschäftlichen Anlässen haben einen wichtigen Stellenwert in der Gastronomie eingenommen. Dies ist gut für die Gastronomie, da diese Veranstaltungen saison- und wetterunabhängig sind. Der Trend geht hin zu außergewöhnlichen Tagungsstätten/Locations.

1. Nennen Sie Gründe, warum immer mehr Menschen das Außergewöhnliche bei Veranstaltungen suchen.

   _____
   _____
   _____
   _____
   _____

2. Betrachten Sie die folgenden Fotos. Benennen Sie die außergewöhnlichen Tagungsstätten und erklären Sie, welche Erwartungen die Teilnehmer damit verbinden.

3. Bei einem Verkaufsgespräch wird erfragt und später im Function Sheet erfasst, um welche Art von Veranstaltung es sich handelt. Erklären Sie die in der folgenden Tabelle vorgegebenen Veranstaltungsarten.
   Tipp: Das Internet ist ein gutes Hilfsmittel.

Veranstaltung	Definition
Präsentation	
Konferenz	
Seminar	
Kamingespräch	

| **LERNFELD 3.4** | **Verwaltungswesen – Konferenzen und Co.** |

Situation: Für ein Seminar mit 20 Teilnehmern wünscht der Veranstalter Herr Becker eine angemessene Stellung der Tische und Stühle.

4. a) Benennen und skizzieren Sie drei sinnvolle Möglichkeiten der Tafelformen und der Bestuhlung

b) Warum würden Sie Herrn Becker von der Theaterbestuhlung oder T-Form-Tafel abraten?

c) Für Gruppenarbeitsphasen während des Seminars mietet der Veranstalter zwei weitere kleine Räume an. Wie stellen Sie dort die Tische und Stühle und welche Arbeitsmaterialien sollten in diesem Raum vorhanden sein?

LERNFELD 3.4 — Verwaltungswesen – Konferenzen und Co.

4. d) Herr Becker wünscht für die Gruppenarbeitsphase für jede Gruppe einen Moderatorenkoffer und zwei Pinnwände. Sie erhalten den Auftrag, die Vollständigkeit der Moderatorenkoffer Ihres Ausbildungsbetriebes zu überprüfen. Entwickeln Sie eine Checkliste, in der alle Dinge aufgeführt sind, die ein Moderatorenkoffer enthalten sollte. Tipp: Es gibt verschiedene Hersteller für Moderationsmaterial.

Checkliste für den Inhalt des Moderatorenkoffers

Anzahl*	Inhalt	✗

* Die Anzahl des jeweiligen Inhaltes wird meistens vom Hersteller vorgegeben, wie z. B. 1 Schere, 120 ovale Scheiben.

5. Räumlichkeiten, die für Konferenzen, Tagungen oder ähnliche Veranstaltungen genutzt werden, sollten über bestimmte Merkmale und Ausstattungen verfügen. Formulieren Sie zehn dieser Merkmale.

LERNFELD 3.4 Verwaltungswesen – Konferenzen und Co.

6. Oft werden von Veranstaltern technische Geräte gebucht. Nennen Sie fünf technische Geräte, welche bei Ihrem Ausbildungsbetrieb für Konferenzen o. Ä. zur Verfügung stehen. Mögliche Schülerantworten:

_____
_____
_____
_____
_____
_____
_____

7. Bei Konferenzen und Seminaren ist es üblich, in den Pausen Getränke und Snacks anzubieten. Schreiben Sie je fünf geeignete Getränke- und Snackangebote in die Tabelle. Berücksichtigen Sie dabei, dass die Konferenzteilnehmer nach der Pause auch noch „geistig arbeiten" wollen.

Geeignete Getränke	Geeignete Snacks

8. Nach einer Veranstaltung sollte die eigene Leistung analysiert werden. Hierfür wird oft ein Fragebogen zur Befragung der Veranstaltungsteilnehmer eingesetzt. Entwickeln Sie einen Fragebogen, mit dem Sie die Einschätzungen der Befragten in Bezug auf Ihre Leistung und Ihre Räumlichkeiten abfragen können.

Möglicher Fragebogen bzw. Fragebogenausschnitt:

LERNFELD 3.4 Menükunde – Grundlagen

Seit dem Ende des 18. Jahrhunderts – dem Beginn der großen französischen Küche – konkretisierten sich die Regeln für Speiseabfolgen. Speisenfolgen, werden auch als Menüs bezeichnet und sind gastronomisch aufeinander abgestimmte Zusammenstellungen unterschiedlicher Speisen, die dem Gast als Gänge nacheinander serviert werden und die insgesamt eine vollständige Mahlzeit bilden sollen.

1. *Das Themengebiet „Menükunde" ist umfangreich und komplex. Ein(e) guter Restaurantfachmann/-frau muss sich in diesem Fachgebiet jedoch gut auskennen, damit er/sie die anspruchsvollen Gäste immer zufrieden stellen kann. Um sich dem Thema zu nähern, sollen Sie auf dieser Seite ein Brainstorming zum Thema: „Menüplanung – was muss ich dabei beachten?" erstellen.*

Menüplanung – was muss ich dabei beachten?

LERNFELD 3.4 Menükunde – Grundlagen

2. a) *Bei der Menügestaltung müssen einige allgemeine Regeln beachtet werden. Formulieren Sie mindestens acht Regeln mithilfe von Beispielen.*

– Korrekte Reihenfolge der Gänge, z. B. Suppe vor dem Hauptgang berücksichtigen

b) *Beschreiben Sie kurz in Stichpunkten das Erstellungsschema für Menüs.*

LERNFELD 3.4　Menükunde – Grundlagen

3. a) Es gibt Menüs mit einer unterschiedlichen Anzahl von Gängen. Bringen Sie durch die Nummerierung 1 bis 6 die Gänge in die richtige Reihenfolge.

- [ ] Zwischengericht
- [ ] Suppe
- [ ] Käse
- [ ] Kalte Vorspeise
- [ ] Dessert
- [ ] Hauptgericht

b) Das folgende Menü enthält Fehler. Finden Sie diese.

*Hühnerbrühe
mit Gemüsestreifen*

****

Geräuchertes Lachsfilete

****

*Rosa gebratene Entenbrust
aus Wirsinggemüse mit Kartofffelgratin*

****

Rote Grütze mit Vanillesauce

Das Menü enthält folgende Fehler:

_____
_____
_____
_____
_____

LERNFELD 3.4 Menükunde – Grundlagen

4. In der folgenden Tabelle sehen Sie den klassischen Menüaufbau. Ergänzen Sie die fehlenden Begriffe in deutscher, französischer und englischer Sprache. Nutzen Sie bei Bedarf Ihr Fachbuch oder ein Fachlexikon.

Klassischer Menüaufbau		
Deutsch	**Französisch**	**Englisch**
Kalte Vorspeisen		Cold hors-d'oeuvre
		Soup
Warme Vorspeisen	Hors-d'oeuvre chaud	Hot hors-d'oeuvre
Fisch		Fish
	Pièce réve	Meat course
Warmes Zwischengericht		Hot entree
Kaltes Zwischengericht	Entrée froide	
	Sorbet	Sorbet
Braten, Salat (Hauptgericht mit Beilage)		Roasts, Salad
Gemüsegericht	Entremet de legumes	
Warme Süßspeise		Hot sweets
	Entremet froide	Cold Sweets
Käsespeise		
Nachtisch		Dessert

5. Ergänzen Sie die fehlenden Gänge im modernen Menü.

Kalte Vorspeise
Warme Vorspeise
Sorbet
Warme Süßspeise
Kalte Süßspeise

6. Kreuzen Sie die mögliche Reihenfolge der Gänge eines 4-Gang-Menüs an.

Kalte Vorspeise		
Suppe		
Warme Vorspeise		
Hauptgang		
Dessert		

LERNFELD 3.4 — Menükunde – Grundlagen

7. a) Kreuzen Sie bei der folgenden Aufzählung die richtige Schreibweise an. Tauschen Sie Ihr Arbeitsergebnis mit Ihrem Sitznachbarn und korrigieren Sie seine Lösung. Falls Sie sich unsicher bezüglich der richtigen Schreibweise sind, so verwenden Sie Ihr Schulbuch oder ein Fachlexikon, z. B. den „Hering" als Hilfsmittel.

b) Bei den falsch geschriebenen Begriffen schreiben Sie die richtige Schreibweise des Begriffs dahinter.

c) Schlagen Sie die Ihnen unbekannten Begriffe nochmals nach.

- [ ] Kartoffelpürre
- [ ] Zürcher Geschnetzeltes –
- [ ] auf Müllerinart –
- [ ] auf Provenzalischer Art –
- [ ] Filet Welington –
- [ ] Bouillabaisse –
- [ ] Dresdener Art –
- [ ] Schwarzwälder Art –
- [ ] Rinderlende „Gärtnerinart" –
- [ ] Chateaubriand –
- [ ] Trautmannsdorf –
- [ ] Bismarck –
- [ ] Rolade –
- [ ] auf Berliner Art –
- [ ] Esterhazie –
- [ ] Seezunge Collbert –
- [ ] pommes Frittes –
- [ ] Rinderfilet Stroganow –

LERNFELD 3.4 Menükunde – Grundlagen

8. a) Das folgende Silvester-Menü enthält Fehler. Finden Sie diese und verbessern Sie ggf. das Menü.

Feldsalat mit Balsamicco-Dressing

****

Champagner Süppchen

****

Filet vom Bachsaibling mit Noilly-Prat-Sauce
und Lauch-Rahm-Gemüse

****

Rinderfilet im Speckmantel
mit Jus, Mandelbrockoli, Karotten
und Serviettenknödel

****

Schokoladensouffle mit
Vanilleschaum, warmen Kirschen
und Walnusseis

Folgende Fehler sind im Silvestermenü enthalten:

_____

_____

_____

_____

b) Bringen Sie das folgende Menü in die richtige Reihenfolge, indem Sie die Gänge richtig benennen und daneben schreiben.

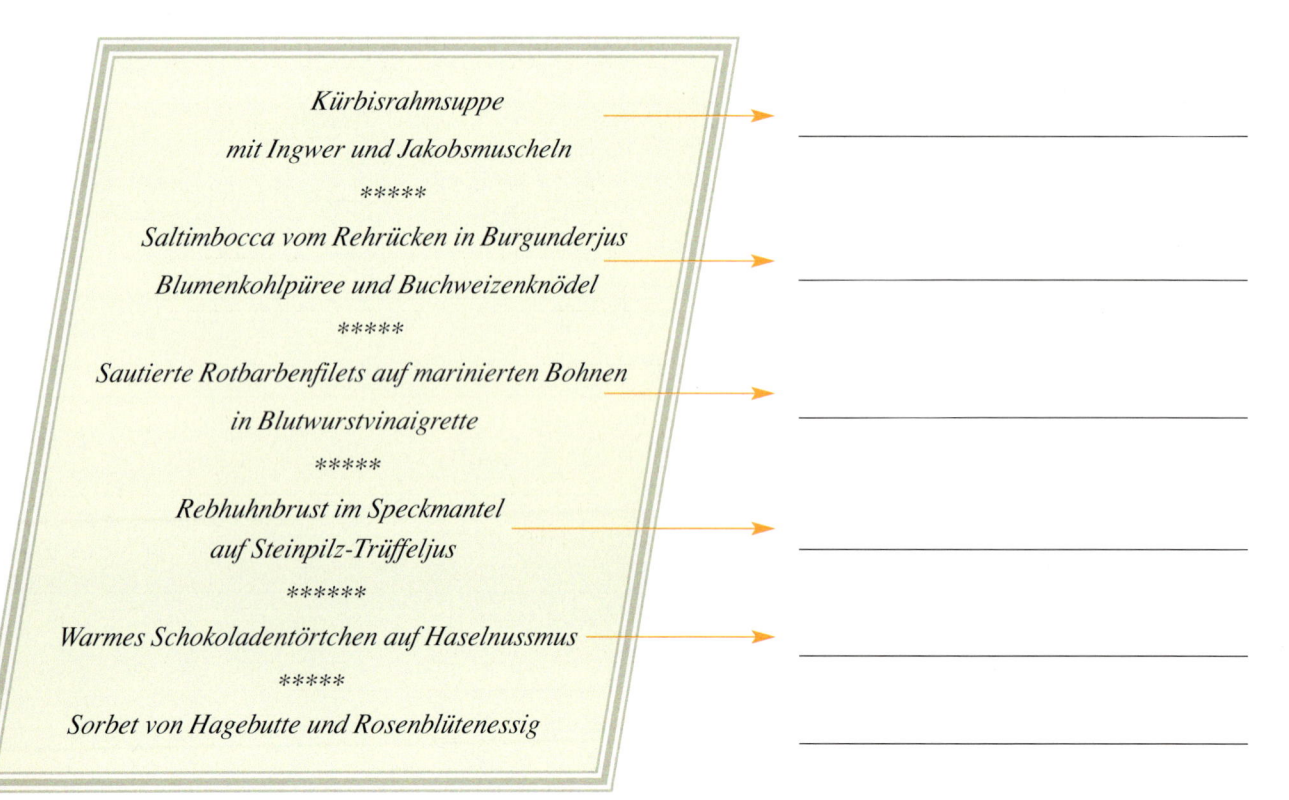

Kürbisrahmsuppe
mit Ingwer und Jakobsmuscheln

*****

Saltimbocca vom Rehrücken in Burgunderjus
Blumenkohlpüree und Buchweizenknödel

*****

Sautierte Rotbarbenfilets auf marinierten Bohnen
in Blutwurstvinaigrette

*****

Rebhuhnbrust im Speckmantel
auf Steinpilz-Trüffeljus

******

Warmes Schokoladentörtchen auf Haselnussmus

*****

Sorbet von Hagebutte und Rosenblütenessig

| LERNFELD 3.4 | Menükunde – Grundlagen |

9. Menüs werden je nach Jahreszeit, Anlass oder Zielgruppe (Personenkreis) zusammengestellt. Wählen Sie einen bestimmten Anlass und eine bestimmte Jahreszeit aus und schreiben Sie dazu jeweils typische Lebensmittel auf, aus denen ein Menü zusammengestellt werden kann.

_____

_____

_____

_____

10. Menükarten werden unter Verwendung typischer Symbole, Farben o. Ä. anlassbezogen gestaltet. Betrachten Sie die folgenden Fotos. Schreiben Sie unter jedem Foto den Anlass, zu welchem diese Karte Verwendung finden könnte und formulieren Sie Vorschläge, wie Sie diese Menükarte optisch gestaltet hätten.

Hochzeit oder Taufe oder Kommunion

Weitere Ideen zur Gestaltung dieser Karte:

_____

_____

_____

_____

Asiatisches Menü oder asiatische Woche

Weitere Ideen zur Gestaltung dieser Karte:

_____

_____

_____

_____

Französisches Menü oder französische Woche

Weitere Ideen zur Gestaltung dieser Karte:

_____

_____

_____

_____

Spargelmenü

Weitere Ideen zur Gestaltung dieser Karte:

_____

_____

_____

_____

| LERNFELD 3.4 | **Bestecke und Porzellan im Bankettbereich** |

1. *Beschreiben Sie, welche Besteckteile für folgende Speisen eingedeckt werden.* (Achten Sie auf die Besteckgröße.)

    Kaffee: _____

    Torte: _____

    Fleischgericht: _____

    Gulaschsuppe: _____

    Spaghetti: _____

    Rinderkraftbrühe: _____

    Gebeizter Lachs (Vorspeise): _____

    Krabbencocktail: _____

    Dessertvariation: _____

    Eisbecher: _____

    Apfeltarte: _____

2. *Benennen Sie die folgenden Sonderbestecke.*

118

LERNFELD 3.4	**Bestecke und Porzellan im Bankettbereich**

3. Ordnen Sie der jeweiligen Bezeichnung die entsprechende Tellergröße mithilfe von Pfeilen zu.

Bezeichnung	Tellergröße
Mittelteller	15 bis 17 cm Durchmesser
kleiner Teller	27 bis 30 cm Durchmesser
großer Teller	19 bis 23 cm Durchmesser

4. Zählen Sie mindestens vier Speisen auf, die auf einen Mittelteller eingesetzt werden.

_____

_____

_____

_____

LERNFELD 3.4 Ausgewählte Fachbegriffe

1. In der folgenden Tabelle finden Sie eine Auswahl an Fachbegriffen und/oder Erklärungen. Ergänzen Sie den jeweiligen Fachbegriff oder die fehlende Erklärung ohne die Benutzung von Hilfsmitteln, wie Schulbuch oder Lexikon. Achten Sie dabei auf die korrekte Rechtschreibung. Ergänzen Sie weitere Fachbegriffe, wobei Ihr Tischnachbar die entsprechende Erklärung schreiben soll.

Fachbegriff	Erklärung
_____	Eine Haube (franz. Glocke) aus rostfreiem Stahl oder versilbertem Metall mit Knauf oder Griff. Sie schützt und hält ein Gericht (meist den Hauptgang) bis zum Tisch des Gastes warm. Nach dem Einsetzen des Tellers mit Haube = _____ wird die Haube abgehoben und sofort mit der Öffnung nach oben gedreht, damit kein Kondenswasser auf die Kleidung des Gastes tropfen kann.
Rechaud	
_____	Der englische Begriff für schriftliche Veranstaltungs-/Bankettaufträge. Die darin stehenden Einzelheiten wurden mit dem Gast abgesprochen. Dieser Laufzettel wird bei Bedarf an alle an der Veranstaltung beteiligten Bereiche, z. B. Housekeeping und Küche weiter geleitet.
Korrespondierende Getränke	
Bankettmappe	
_____	Werden bei bestimmten besonderen Gerichten vom Gast benötigt und speziell dafür eingedeckt. Typische Vertreter sind u. a. Kaviarmesser, Austern- und Schneckengabel sowie Hummerzange.

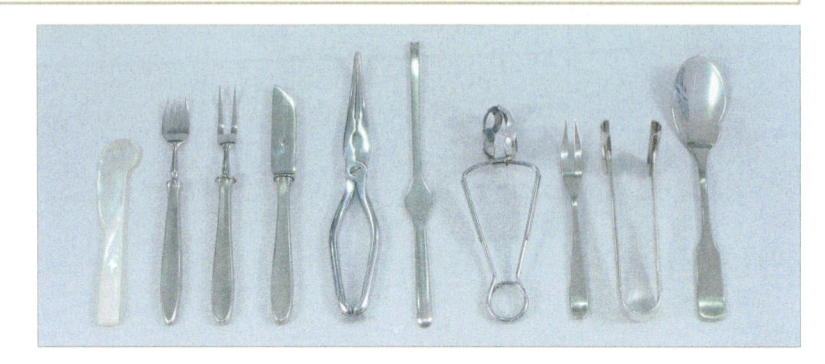

Lernfeld 3.4 Ausgewählte Fachbegriffe

Fachbegriff	Erklärung
Mise en place	
	Sind am Rand eines Tisches befestigte faltenrockartige, bis zum Fußboden fallende Umrandungen. Befestigt werden sie mit Klammern oder Klettverschluss. Man verwendet sie zum Verkleiden von Büfetts und Schautischen oder auf der Innenseite von U-Tafeln, wenn diese nur außen bestuhlt werden.
Chafing-Dish	
	Zuständigkeitsbereich einer Servicekraft im Restaurant oder bei der Durchführung eines Banketts. Einflussfaktoren für die Größe einer Station sind z.B. Anzahl der Servicekräfte, Art und Serviceumfang der Veranstaltung.
Menagen	
Amuse gueule bzw. Amuse bouche	
Gueridons	

| LERNFELD 3.4 | **Tischdekorationen - Grundlagen** |

1. *Für Festbankette oder andere Veranstaltungen sind geschmackvoll arrangierte Blumen ein Blickfang. Sie verleihen dem Raum und der Tafel einen besonderen Charakter. Damit diese Wirkung erzielt wird, müssen Regeln beachtet werden. Formulieren Sie acht Regeln, die beim Dekorieren mit Blumen zu beachten sind.*

2. *Die Fotos zeigen verschiedene Blumenarrangements. Für welche Anlässe würden Sie diese Blumenarrangements verwenden?*

LERNFELD 3.4 — Tischdekorationen - Grundlagen

3. Tischdekorationen sollten zur jeweiligen Jahreszeit passen. Dies können Sie besonders gut über passende Blumengestecke, die Farbkomposition und den Einsatz weiterer Dekorationsmittel erreichen. Füllen Sie die folgende Tabelle mit jeweils mindestens vier Beispielen je Feld entsprechend aus.

	Frühling	Sommer	Herbst	Winter
Passende Blumen/ Pflanzen				
Geeignete Farben				
Weitere mögliche Dekorationselemente				

4. Folgende Abbildungen zeigen unterschiedlich dekorierte Tische bzw. Dekorationselemente. Nennen Sie mögliche Anlässe, für die jeweils dekoriert sein könnte.

LERNFELD 3.4 Tischdekorationen - Grundlagen

5. Neben den Dekorationen zu bestimmten Jahreszeiten sind auch die Dekorationen zu besonderen Anlässen für die Gastronomie von besonderer Bedeutung. Dabei hat fast jeder Anlass seine typischen Symbole und Farben. Tipp: Sollten Sie neben den klassischen Farben weitere verwenden, sollten Sie die Bedeutung dieser Farben kennen.
Gestalten Sie zu den folgenden drei Anlässen eine dazu passende Tischdekoration. Skizzieren Sie diese und benennen Sie die verwendeten Elemente, z. B. gelbe Rosen in einer Kristallvase.

Anlässe:
- *Konfirmation, Taufe:* sechs Personen an einem Tisch mit 160 cm Durchmesser
- *Valentinstag:* zwei Personen an einem 80 x 80 cm Tisch
- *Silvester:* zehn Personen an einem 80 x 400 cm Tisch

LERNFELD 3.4 Tischgesteck

Tischgesteck

1. Auf den folgenden Fotos können Sie die Entstehung eines Tischgestecks verfolgen. Die Fotos befinden sich aber nicht in der richtigen Reihenfolge und sind ohne kurze Fotobeschreibung. Daher sollen Sie die Fotos genau betrachten, beschriften und durch die Zuordnung der Zahlen 1 bis 15 in die richtige Reihenfolge bringen.

LERNFELD 3.4 Tischgesteck

LERNFELD 3.4 Schwedenrätsel

1. Finden Sie im Schwedenrätsel folgende Begriffe, welche senkrecht, waagerecht, diagonal und rückwärts „versteckt" sind.

Begriffe: Bankettmappe, Menükunde, Dekoration, Aperitif, Cloches, Digestif, Menü, Verkaufsgespräch, Serviceteam, Bankettvereinbarung, Tafelform, Checkliste, Mise en place, Tagung, Raumplan

E	A	L	Z	E	D	S	C	L	T	N	O	Q	R	Y	R	Q	H	F
E	C	A	L	P	N	E	E	S	I	M	I	E	B	H	R	C	C	I
Z	J	C	M	D	Q	V	H	U	Y	T	D	U	E	C	E	T	D	T
N	O	I	T	A	R	O	K	E	D	N	G	T	U	A	B	F	J	S
G	E	H	V	T	H	T	M	U	U	D	S	J	R	S	F	W	N	E
B	Q	D	Y	M	Y	E	I	K	U	I	F	P	I	T	G	T	R	G
Q	B	T	Z	Z	Y	T	E	J	L	K	S	P	E	Y	U	S	C	I
Q	T	Y	A	G	R	U	J	K	B	E	N	P	B	U	Y	A	L	D
C	B	W	A	G	N	I	C	G	G	T	P	S	V	Y	R	I	O	Q
T	T	F	N	E	U	E	U	S	F	A	C	T	E	W	M	Q	C	Q
W	B	F	M	W	H	N	F	R	M	T	E	Y	P	U	S	E	H	N
K	O	Y	P	C	F	U	G	T	A	A	A	D	S	R	N	G	E	A
F	R	H	Q	Y	A	A	T	S	N	T	P	F	A	A	C	E	S	L
G	I	I	K	K	P	E	I	B	G	R	L	E	E	U	Z	Q	M	P
E	V	Y	R	F	K	E	F	F	W	B	Z	K	R	L	T	E	N	M
T	V	E	G	N	B	C	N	Q	Z	K	Z	Q	E	I	F	B	R	U
S	V	L	A	V	E	L	W	N	X	W	T	I	B	C	T	O	S	A
L	R	B	P	I	D	T	W	N	P	E	A	E	S	C	E	I	R	R
Y	H	H	C	O	Q	P	C	Q	S	U	B	R	U	D	B	Y	F	M
B	A	N	K	E	T	T	V	E	R	E	I	N	B	A	R	U	N	G
X	V	C	H	K	I	P	H	G	J	B	I	L	J	M	B	L	D	I
P	P	L	P	U	X	Z	I	B	G	C	J	S	W	W	U	H	G	V
J	Y	X	S	Y	X	D	M	A	E	T	E	C	I	V	R	E	S	Q
K	C	J	U	E	M	I	U	W	L	C	O	V	J	D	S	T	A	U

Zur optimalen Prüfungsvorbereitung

Geißler

Normtest Hotelfachmann/-frau Restaurantfachmann/-frau

Abschlussprüfung
3. Auflage, 214 Seiten, DIN A4
Bestell-Nr. **86117** € 26,80

- deckt alle Prüfungsgebiete der Abschlussprüfung ab
- beinhaltet verschiedene Aufgabentypen: Beispielaufgaben für die praktische Abschlussprüfung und Rechenaufgaben mit Lösungshinweisen
- Stichwortverzeichnis als Nachschlagewerk

Geißler

4 EVER CLEVER Hotelfachmann/-frau Restaurantfachmann/-frau

Einzellizenz
CD-ROM
Bestell-Nr. **92998** € 42,60

Netzwerklizenz
CD-ROM
Bestell-Nr. **92967** € 438,00

Demoversion
CD-ROM
Bestell-Nr. **92926**   kostenlos

- Lern- und Prüfungssoftware mit vier aufeinander abgestimmten Bausteinen: Trainingsmodul, Prüfungssimulation, Spiel und Lexikon
- über 800 Aufgaben aus den relevanten Prüfungsgebieten: Ernährungslehre, Hygiene, Arbeitsgeräte

Bildungsverlag EINS

Kundenbetreuung und Bestellung:
0180 30 31 32 1* oder **02241 39 76 101**

Fax: 02241 3976-191 · E-Mail: info@bv-1.de
www.bildungsverlag1.de

* nur 9 Cent/Min. aus dem dt. Festnetz, ggf. abweichender Mobilfunktarif